W0088609

SV

Band 1527 der Bibliothek Suhrkamp

Mary Ruefle
Mein Privatbesitz

Aus dem Englischen von Esther Kinsky

Suhrkamp Verlag

Die Originalausgabe erschien 2019 unter dem Titel
My Private Property bei Wave Books, Seattle.

Erste Auflage 2022
© der deutschen Ausgabe Suhrkamp Verlag Berlin 2022
© 2019 by Mary Ruefle
Satz: Satz-Offizin Hümmer GmbH, Waldbüttelbrunn
Druck: Pustet, Regensburg
Printed in Germany
ISBN 978-3-518-22527-1

Mein Privatbesitz

Für Michael

INHALT

Diese schwerfälligen Knochen, auch die merkwürdige Entfernung zwischen Fuß und Fingerspitze und Hirn, und all diese Liter Blut. Ich erschauerte. Es grenzte an ein Wunder, dass sie sich nicht unentwegt verletzten, und dann das Sterben in einem so ausgedehnten Körper.

Walter de la Mare, *Erinnerungen eines Zwerges*

Auf der Wache baten sie mich um etwas Sachliches, Nüchternes. Mary, sagten sie, das nennt sich *Aussage*. Sie nahmen mich mit hinaus in den kleinen Hof, wo sie immer zum Mittagessen saßen, und zeigten mir einen kleinen Baum, der leider dabei war, einzugehen. Etwas mit vier Beinen hatte ihn ziemlich übel angefressen. Aber machs nicht zu übertrieben, sagten sie. Das versprach ich, doch im Stillen dachte ich, dieses Vierbeinerige hätte es doch auch ziemlich übertrieben, und auch der Baum seinerseits übertreibe es jetzt, indem er sein Sterbchen machen wollte. Die Polizisten saßen alle herum und aßen Brote und boten mir eines an. Das hier ist köstlich, sagte ein Inspektor, meine Frau hat es gemacht. Als ich sah, dass es mit Erdnussbutter und Gelee bestrichen war, fand ich ihn etwas übertrieben, doch ich sagte nichts. Ich saß bloß da und betrachtete den Baum und aß unterdessen mein Brot. Als ich aufgegessen hatte, bat ich um einen Bleistift, und sie gaben mir so einen kleinen Notizbleistift. Ich sagte auch dazu nichts. Ich schrieb nur meine Aussage und gab sie ab – es war eine Beschreibung des Baums, das sollte ein Weihnachtsgeschenk für ihren Hauptkommissar werden – also, meine Beschreibung, nicht der Baum, denn der Hauptkommissar, na ja, der hatte diesen Baum sehr gern und er hatte auch meine Art zu schreiben gern, und jeder einzelne Polizist hoffte, im Herzen des Hauptkommissars befördert zu werden und am Ende vielleicht gar eine Gehaltserhöhung zu bekommen. Trotzdem, nachdem ich da so lang im Hof herumgesessen und Brote gegessen hatte, empfand ich ein angenehmes Gefühl der Verbundenheit, und als sie mich fragten, ob ich noch etwas sagen wollte, erzählte ich ihnen, am Anfang verstehe man die Welt, doch nicht sich selbst, und wenn man endlich sich selbst verstehe, verstehe man die Welt nicht mehr. Damit waren sie anscheinend zufrieden. Ach, Polizisten, die sind alle noch so jung.

SCHLÜSSEL

Arme kleine Schlüssel! Mit Erfolg ist nicht immer zu rechnen, die Schlüssel haben sich dem passiven Widerstand verschrieben, und dieser äußert sich in Form von Störrischkeit, wie ihre Peiniger es nennen, und wenn das einmal erblich geworden ist, fürchte ich, wird es ihnen nichts und niemand auf der Welt austreiben können. Man kann nichts tun, außer dann und wann ein einzelnes Individuum zu retten und abzuwarten, was Zuwendung und Fürsorge bei ihm ausrichten können. Schockiert über die grausame Behandlung, beschloss unlängst ein wohlmeinender Herr, der seine eigenen Theorien über Schlüssel hatte, einen jungen Schlüssel großzuziehen wie ein kleines Kind. Man brachte ihm ein Kleines, und es wurde in einem Loch gehalten, doch als es so weit war, wollte der Schlüssel einfach nicht aus seinem Loch kommen, und nichts konnte ihn dazu bewegen. Die Gefühle des Schlüssels waren denen einer Schnecke vergleichbar, die aus ihrem Haus gezerrt wird. Was aus diesem Schlüssel geworden ist, wurde nie bekannt, doch kann man mit Sicherheit annehmen, dass ein Loch zum anderen führte, und ich hoffe von Herzen, dass der wohlmeinende Herr ihn am Leben ließ, indem er ihn in immer neuen Löchern ausprobierte, und dass sich so zu guter Letzt zwischen ihnen ein echtes Gefühl entspann, und sei es auch das eines Scheiterns.

BITTE LESEN

Es war einmal ein Vogel, mein Gott.
Clarice Lispector

Ich bin der gelbe Fink, der eine Stunde bevor sie starb, zu ihrem Futterspender kam. Ich war das letzte Lebendige, was sie sah, meine Verantwortung war groß. Und doch fraß ich nur. Acht lange Wintermonate hindurch hatten die schwarzen öligen Sonnenblumenkerne dort unberührt gelegen – kein einziger Vogel meiner oder anderer Art hatte sich ihnen genähert. Es war zu anstrengend. Selbst wenn wir die Kraft gehabt hätten – und die hatten wir nicht, halbverhungert wie wir waren –, wir waren nicht in der Laune, etwas zu knacken. Am Morgen des zweiundzwanzigsten April nahm sie die Kerne heraus und füllte das Rohr des Spenders mit Sonnenblumenherzen – glänzenden Häppchen, deren harte Hülsen eine ferne, komplizierte Maschine abgeschält hatte. Sie ging wieder hinein und wartete. Von meinem Zweig aus sah ich sie Dinge tun, die sie gern tat: Sie hob ein Handtuch vom Boden auf, sie füllte eine Karte aus, um die Post abzubestellen, sie kochte Wasser, sie starrte ins Leere. Sie sah mich kommen. Über ihr Gesicht flackerte nicht gerade Freude, aber doch ein ganz normales Aufwallen des Lebens. Ja, gewiss, eine Glasscheibe befand sich zwischen uns. Doch ich sah die Körner ihrer Augen und die aufwärts gebogenen Mundwinkel. Ich aß ein Herz. Ich wandte den Kopf. Sie sah mich an, als wäre ich das letzte Lebendige auf der Welt. Und da es stimmte, fraß ich weiter.

GLÜCK GEHABT

Während ich schlief, brach Gott in mein Herz ein und nagelte Bilder von Sich in verschiedenen Kleidern an die Wand. Er fragte mich, welches mir am besten gefiele, doch es war offensichtlich, dass mir alle gefallen sollten. Mir gefiel kein einziges, doch eines war dabei, ein fließendes weißes Gewand mit einem schwebenden blauen Heiligenschein über dem Halsausschnitt, dort, wo Sein Gesicht sein sollte, und ich meinte, diesem Bild gegenüber zumindest Meine Furcht zum Ausdruck bringen zu können. Deshalb sagte ich, es gefalle mir. Sofort sagte Er, ich hätte keinen Geschmack. Ich dachte, an dieser Stelle würde ich aufwachen, einen schlechten Geschmack im Mund haben und mir für den Tag helle bunte Kleider aussuchen, wie ich sie nie tragen würde, doch das geschah nicht. Ich schlief traumlos wie ein Baby, und als ich aufwachte, war ich nackt wie ein Baby und allein und hatte Angst.

Der Planet aus nächster Nähe betrachtet heißt der *Boden*. Der Boden kann von Menschenhand gelockert werden oder mittels eines kleinen von Menschenhand gehaltenen Werkzeugs, wie dem *Spaten*, oder eines noch größeren Werkzeugs wie der *Schaufel* oder einer Vielzahl von Maschinen, die gemeinhin als *Erdbaumaschinen* bezeichnet werden. Wir begraben unsere Toten im Boden. Rund eine Hälfte der Toten werden in Kisten begraben und rund eine Hälfte ohne Kisten. Eine Begräbniskiste ist ein Zeichen des Respekts vor den Toten. Wir sind die einzige Spezies, die ihre Toten so einpackt. Eine frühere, schlichtere Art, die Toten einzupacken, war das Einwickeln in Tuch.

Wir vergraben nicht nur unsere Toten im Boden, sondern auch unseren Abfall, oder *Müll*. Die von Menschen gemachten Abfallberge werden unter Einsatz von Erdbaumaschinen zusammengeschoben und dann in den Boden gestampft. Der Ort, wo dieses Begräbnis stattfindet, nennt sich *Müllhalde*. Der Ort, wo die Begräbnisse der Menschen in Kisten stattfinden, heißt *Friedhof*. In beiden Fällen wird der Boden aufgefüllt.

Ein toter Körper in einer Kiste kann mit Hilfe von

Erdbaumaschinen in den Boden versenkt werden, aber wir bezeichnen ihn nicht als Müll. Wenn die Toten nicht in Kisten sind, und sie zu einem von Menschen gemachten Berg getürmt liegen, benutzen wir Erdbaumaschinen, um sie alle zusammen zu begraben wie Müll. Schätzungen zufolge treten wir überall, egal wo wir den Fuß aufsetzen, auf ein Stück Müll und die harten, zersetzungsresistenten Überreste der Toten. Wie dem auch sei, die Toten und der Müll sind zusammen im Boden, wo wir sie nicht sehen können, denn ihr Anblick und Geruch ist uns nicht angenehm. Ohne unsere Begräbnisse würden wir Gefahr laufen, davon überwältigt zu werden.

Ebenfalls im Boden vergraben sind die *Samen*, die wir in ihrer späteren Form aus dem Boden hervorkommen sehen möchten, nämlich als *Pflanzen*. Aus dem Boden emporwachsende Pflanzen sind für das Leben unerlässlich. Einen Samen begraben heißt ihn *pflanzen*. Wenn ein Samen gepflanzt wird und nie wieder zum Vorschein kommt, sind diejenigen, die ihn gepflanzt haben, traurig. Die erwartete Pflanze des erwünschten Samens hat nicht Gestalt angenommen. Er ist tot und bleibt begraben. Erdbaumaschinen kommen zum Einsatz, um große Bodenflächen mit Samen zu bepflanzen. Wenn ein ganzes Feld von wogendem Korn aus der Erde aufsteigt, wächst sichtlich die Freude unter denen, die die Samen vergraben haben. Freude herrscht auch, wenn ein Baum zum Vorschein kommt, etwa ein Baum, der Früchte tragen wird, oder grüne, essbare Blattpflanzen, die zuvor gesät worden sind. Wenn *Blumen* aus der Erde dringen, auf erstaunlich vielfältige Weise farbenfroh und schön von Gestalt, ist die Freude der Lebenden *besonders* groß. Blumen werden nicht nur ihrer äußeren Gestalt wegen bewundert, auch sind ihre Düfte imstande, uns hinzureißen, und daher begehrt. Nichts, so möchte es scheinen, macht die Lebenden froher als eine Blume. Blumen gehören zu den am sehnlichst erwarteten Dingen auf der Erde. Aus diesem Grund trennen wir die Blume vom Boden und überreichen sie einer anderen Person zum Halten oder Betrachten. Nach einiger Zeit *stirbt* die vom Boden getrennte Blume, und wir werfen sie in den Müll. Oft werden Blumen gepflanzt, wenn die Toten in Kisten begraben werden, doch diese Blumen werden *nie* abgeschnitten. Das wäre *furchtbar*. Wer so etwas täte, würde als *Dieb* gelten. *Diese* Blumen gehören den Toten.

Blaue Traurigkeit ist Süße, mit der Schere in Streifen und anschließend mit dem Messer in kleine Stücke zerschnitten, sie ist die Traurigkeit von Träumerei und Nostalgie; sie kann etwa die Erinnerung an ein Glück sein, das jetzt nur noch Erinnerung ist, sie ist in eine Nische zurückgewichen, die nicht abgestaubt werden kann, weil du nicht heranreichst; deutlich sichtbar und verstaubt liegt blaue Traurigkeit in deiner Unfähigkeit, sie abzustauben, sie ist unerreichbar wie der Himmel, sie ist eine Tatsache, die die Traurigkeit aller Tatsachen widerspiegelt. Blaue Traurigkeit ist das, was du vergessen willst, aber nicht kannst, wie wenn man im Bus sitzt und plötzlich ganz klar und deutlich eine Staubmaus in einem Schrank vor sich sieht, so ein sonderbarer, unmitteilbarer Gedanke, dass man rot wird, eine dunkle Rosigkeit breitet sich über die blaue Tatsache der Traurigkeit und schafft dabei eine Situation, die sich nur mit einem Tempel vergleichen lässt, der existiert, doch um ihn aufzusuchen, müsste man zweitausend Meilen in Schneeschuhen und auf Hundeschlitten zurücklegen, fünfhundert zu Pferde und weitere fünfhundert mit dem Schiff, und dann noch tausend mit der Eisenbahn.

DIE FRAU, DIE GAR NICHTS BESCHREIBEN KONNTE, WENN SIE ES KÖNNTE

Wir haben ein Haus. Ein Dach gibt es und Fenster. Ich glaube, sie sind viereckig. Man kann hindurchsehen, das ist klar. Eine Tür ist auch da, um ein und aus zu gehen. Beide Richtungen sind möglich. Ach ja, und einen Boden gibt es.

Wir verließen das Haus in einem Auto. Das Auto hatte Räder, vier Stück davon. Und eine Tür, durch die man in das Auto ein- und aus dem Auto aussteigen konnte. Eigentlich waren es vier Türen, und wir waren auch zu viert, also hatte jeder seine Tür. Drinnen reichte der Platz gerade zum Sitzen aus, und einen Gurt gab es, der verlief quer über den Körper, für den Fall eines Unfalls.

Ein Unfall ist, wenn etwas passiert, das nicht passieren sollte, und man will es nicht, doch es passiert trotzdem. Wir hatten an dem Tag keinen Unfall. Stattdessen sind wir ins Restaurant gegangen.

Das Auto blieb draußen vor dem Restaurant, und wir waren drinnen im Restaurant. Ein Restaurant ist ein

Ort, wo andere für einen kochen. Man gibt ihnen Geld fürs Kochen. Oder fürs Essen, das weiß ich nicht genau.

Sie wissen das wahrscheinlich schon, aber essen heißt, dass die Nahrung in den Körper gelangt. Später kommt es an einer anderen Tür in anderer Form wieder heraus. (Als ich sagte, das Auto habe vier Türen, habe ich die fünfte vergessen, die kleine Tür, wo der Treibstoff reinkommt.)

Wir vier waren also im Restaurant. Manches an dem Essen war gut und manches war schlecht, aber es kostete dasselbe. Beim Essen führt man eine Unterhaltung. Eine Unterhaltung heißt, dass Leute miteinander reden. Eine Person sagte: »Ich hab die Hitze satt«, und eine andere sagte: »Ich auch.« Ich sagte: »Ich mags irgendwie.« Die letzte Person sagte: »Können wir über was anderes reden als das Wetter?« Das fand ich eine interessante Bemerkung.

Ein Gedanke ist lautloses Reden mit sich selbst im Kopf. Doch man kann es trotzdem hören. Das ist der Hauptunterschied.

Nach dem Essen und der Unterhaltung hat einer von uns dafür Geld gegeben. Man übergibt es einfach, und einen Augenblick lang kann man es sehen, es geht von der einen in eine andere Hand, und man sieht es, es ist Papier. Doch in der Regel wird es nicht gezeigt, die meiste Zeit bewahrt man das Geld da auf, wo niemand es sieht. Es ist fast nie in der Luft. Es ist keine Halskette oder so. Doch zu bestimmten Zeiten holt man es hervor und gibt etwas ab. Eine Halskette gibt man ja nicht ab. Trotzdem ist eine Halskette ein Zeichen von Geld. Das ist einfach so. Man gibt ein Zeichen, dass man Dinge versteckt hat. Es geht hin und her, wie eine Unterhaltung.

Zwei von uns trugen Halsketten und zwei von uns nicht. Das ist etwas, das mir später aufgefallen ist, nur zur Information.

Wir verließen das Restaurant durch die Tür. Dort stand das Auto. Im Auto haben wir uns nicht unterhalten. Wir ließen das Auto stehen, als es das Haus ansah.

Drinnen im Haus geschah ein Unfall. Unfälle geschehen so schnell, man sieht sie eigentlich nie richtig, deshalb kann auch eigentlich niemand darüber reden. Nach dem Unfall gab es wieder eine Unterhaltung. Sie war länger als die Unterhaltung im Restaurant, obwohl wir im Restaurant zu viert waren, und jetzt waren wir nur zu dritt.

Dann war es Zeit, ins Bett zu gehen. Ein Bett ist der Ort, wo man schläft. Wenn man eine Halskette hat, nimmt man sie ab. Beide, man selbst und die Halskette, wechseln von der senkrechten in eine waagrechte Stellung. Aber nicht zusammen.

Man schließt die Augen, die den ganzen Tag geöffnet waren. Man schließt den Mund, der den ganzen Tag geöffnet war. Man denkt über den Tag nach. Man hat den ganzen Tag für sich. Dann beginnt man, im eigenen Kopf Dinge zu sehen, die man nicht hineingesteckt hat. Draußen, außerhalb des Kopfes, ist es sehr dunkel, und man kann nicht viel sehen, doch man sieht die in den Kopf »gesteckten« Dinge. Wenn das eintritt, weiß man, dass man schläft. Man weiß es vielleicht nicht, aber es stimmt.

Man schläft. Der Tag ist vorüber. Man kann ihn nicht mehr beschreiben. So ist das Leben. Es ist vorüber.

April's Cryalog

M	C x 3	Sun	NC
T	NC	Mon	CCC
W	C x 3	Tues	CCC
Th	C x 3	Wed	CCCC
Fri	C x 1	Fri	CCCC
Sat	C x 2	Sat	CCC
Sun	C x 2	Sun	CC
Mon	C x 3	M	CC
Tues	C x 3	T	CC
Wed	C x 2	W	CC
Thurs	NC	Th	CC
Fri	C x 1	Fri	CC
Sat	C x 1	Sat	CCCC
Sun	NC	Sun	CCCC
Mon	C x 1	Mon	CCC
Tues	C x 2	T	CCC
Wed	C x 2	W	CCC
Thurs	C x 1	Th	CCC
Fri	C x 1 very bad	Fri	CCC
Sat	C x 4 very bad	Sat	CCC
Sun	C x 1	Sun	CCC
M	C x 1	M	CCC
T	C x 1	Tu	CCC
W	C a little		CCC
Th	NC		
Fri	C x 1 ↑ my birthday I think		
Sat	C x 1		
Sun	NC		
M	NC		
T	CCCCC		
W	C pm		
Th	C am		
Fri	C		
Sat	C		

April has 58 days,
after which it
can't go on.

and so on.

PAUSE

Vor kurzem stieß ich auf ein altes Weinprotokoll, das ich 1998 im Monat April führte. »C« steht für Weinen, die Anzahl der C zeigt die Male an, die ich geweint habe, und »NC« bedeutet, dass ich an dem betreffenden Tag nicht geweint habe.

Das Traurigste dabei ist, dass ich das Weinprotokoll jetzt sehr witzig finde und lachen muss, wenn ich es anschaue.

Doch damals, als ich es führte, wollte ich sterben. Buchstäblich – ich wollte mich umbringen, mit einem Bügeleisen, einem heißen, eingeschalteten Dampfbügeleisen.

Es war keine Depression, es war die Menopause. Die Wechseljahre.

Diesen oder einen anderen Text über die Wechseljahre zu lesen, wird dir nichts helfen, denn deine Reaktion auf die Wechseljahre hängt nicht von dir ab, sondern von deinem Körper, und auch wenn du jetzt glaubst, deinen Körper unter Kontrolle zu haben (so stark bist du nach all dem Yoga), du hast diese Kontrolle nicht.

Natürlich – du magst Glück haben. Ich kenne eine Frau, die überhaupt keine Wechseljahrsymptome durchmachte, bloß merkte sie eines Tages, dass seit ihrer letzten Periode ein paar Jahre vergangen waren – es war in der Tat ihre letzte gewesen.

Du wirst viel über Hitzewallungen hören, aber Hitzewallungen sind das *Geringste*, in jeder Hinsicht unwesentlich, ohne Ankündigung wird es dir ab und zu heiß wie von einem Dampfbügeleisen, na und? Die Werbung möchten dir einreden, dass Hitzewallungen das einzige nennenswerte Symptom sind, auf das du achten und gegen das du *ihre* Mittel nehmen sollst, doch wenn ich an die Wechseljahre denke, denke ich nicht an Hitzewallungen; ich will hier auch nicht über Hitzewallungen reden.

Nur so viel möchte ich dazu sagen, dass sie auch dann nicht aufhören, wenn man die Wechseljahre ganz hinter sich hat, sie werden ein Teil des Lebens, so wie vorher die Periode ein Teil des Lebens war, sie sind periodisch, und nach einiger Zeit erwähnt man sie nicht mehr.

Nein, ich will hier davon reden, wie eine Frau, die undepressivste, optimistischste, zuversichtlichste Frau, die ich kenne, eines Morgens aufwachte und geradewegs in ihre Küche ging und ein Fleischermesser packte (sie ist eine hervorragende Köchin), um es sich ins Herz zu stoßen. Das waren die Wechseljahre.

Wer sich die Zeit nimmt, die Patientenlisten einer beliebigen Nervenheilanstalt des 19. Jahrhunderts durchzulesen, wie ich es getan habe, wird feststellen, dass der »Aufnahmegrund« für alle Frauen über vierzig als »Ausbleiben der Menses« aufgeführt ist. Manchmal stieß ich auf die Worte »Veränderte Lebensumstände«, was sich nach einem Euphemismus anhört, aber *es ist keiner*.

Mit anderen Worten: Du drehst durch. Wenn man durchdreht, hat man nicht die geringste Lust zu lesen, was etwa Foucault über Kultur und Wahn geschrieben hat.

Vielleicht wirst du dich an die Zeit erinnern, als du dreizehn warst. Die Wechseljahre sind eine Neuauflage der Pubertät, nur bist du eine Erwachsene und musst jeden Tag hinaus und dich der Welt auf eine Art und Weise stellen, wie du es nicht musstest, als du in der Schule warst, umgeben von anderen Pubertierenden, sicher, zumindest verhältnismäßig sicher in der Anstalt einer Mädchenklasse.

Du bist eine Dreizehnjährige mit der Erfahrung und dem Alltag einer Fünfundvierzigjährigen.

An manchen Tagen möchtest du einen Baum vögeln, oder einen Hund, was auch immer in Reichweite ist.

Du hast den Wunsch, deinen Mann oder Liebsten oder Partner oder dergleichen zu verlassen.

Egal, wie stabil oder liebevoll die Beziehung ist, du willst raus.

Vielleicht nimmst du dir etwas Verrücktes und Aussichtsloses vor. Du willst zu Fuß nach Kanada gehen, oder findest, dass es höchste Zeit ist, antikes blaues Porzellan zu sammeln, dreitausend Teile, die dich in den Bankrott stürzen. Unvermittelt liegt die Lösung aller Probleme im Verkauf der Golduhr deiner Großmutter oder darin, die deinem Körpergewicht entsprechende Menge Apfelessig zu trinken. In deinen Adern rinnt eine Art wildes Blut des Waldes.

Du bist entsetzt über diese und andere Verhaltensweisen. Du suchst ärztliche Hilfe, weil du intelligent bist, und keine Hilfe kann dir helfen.

Du fühlst dich, als wäre dein Leben vorbei, und damit hast du völlig recht: Es ist vorbei.

Egal wie attraktiv oder unattraktiv du bist, du hattest dich daran gewöhnt, mit Blicken abgeschätzt zu werden, an der Bushaltestelle oder wenn du in der Drogerie Tampons gekauft hast. Man nahm dich in Augenschein, um festzustellen, wie attraktiv oder unattraktiv du bist, und egal, was dabei herauskam, du wurdest angeschaut. Diese Tage sind vorüber, die anderen schauen jetzt einfach durch dich hindurch, du bist für sie *unsichtbar* geworden, du bist ein *Geist* geworden.

Du existierst nicht mehr.

Weil du nicht mehr existierst, bist du zu allem bereit, nur um Aufmerksamkeit zu erregen. Vielleicht rasierst du dir die Haare ab oder du färbst sie dir, oder du trägst Ringelstrümpfe oder schreist wildfremde Leute an. Du hast sie doch bestimmt schon gesehen, diese mittelalten Frauen, die den Verkäufer im Laden an der Ecke anschreien?

Du bist eine deprimierte Jugendliche, die ihre Kleider vollschwitzt und schreckliche Dinge zu allen sagt, besonders zu denen, die sie gernhat.

Du fängst an zu lügen. In Läden hast du den Drang zu klauen, und wenn du Auto fährst, hast du den Drang, dein Auto in das vor dir zu rammen.

Nichts kann dich darauf vorbereiten.

Niemand wird dir sagen, dass es zehn Jahre dauert, bis diese Gefühle und dieses Verhalten vergehen. Ein Jahrzehnt deines Lebens also. Frag deine Ärztin, ob es stimmt, und sie wird es leugnen.

Dann kommt der Tag, an dem siehst du eine »Frau« Tampons kaufen, und für dich ist sie ein »Mädchen«. Und du hast recht: Jede, die noch ihre Periode hat, ist ein Mädchen. Du weißt, dass es stimmt, und du findest es sehr witzig.

Du bist eine Frau, zehn Jahre sind vergangen, du liebst deine Kinder, du liebst deinen Liebsten, doch gibt es niemanden auf der Welt, der dich davon abhalten kann, du selbst zu sein – du hast deine Eltern unter die Erde gebracht, du hast die Vergangenheit beerdigt. Sicher, in der Zwischenzeit hast du dein Leben in Stücke geschlagen, und es muss ganz neu wieder aufgebaut werden, es gibt viel Trauer und Bedauern und Sehnsucht und dergleichen, doch trotzdem – du bist frei, du hast die Freiheit, auf der Bank zu sitzen und Steine zu werfen und dankbar zu sein für die paar Jahre oder ein oder zwei Jahrzehnte, die du noch übrig hast, um du selbst zu sein, auch wenn viele andere Frauen ihrem Leben ein Ende gesetzt haben und auch wenn es immer heißt, ihre Gründe, dem Leben ein Ende zu setzen, hätten nichts mit den Wechseljahren zu tun, die nun dankenswerterweise hinter dir liegen, denn du würdest um keinen Preis je wieder ein Mädchen sein wollen, du hast festgestellt, dass es das größte Geheimnis der Welt ist, *unsichtbar* zu sein, es ist das wundersamste Geschenk, das man dir je hätte machen können.

Wenn du das hier liest und noch jung bist, verstehst du vielleicht das Leuchten in den Augen jeder Frau, die sechzig, siebzig, achtzig oder neunzig ist, sie kann dich nicht ernst nehmen (tut mir leid), denn du bist nur ein Mädchen für sie, trotz deiner Babys und Schuhe und Verliebtheiten und dergleichen. Du bist nur ein Mädchen, das Leben spielt.

Du bist nur ein Mädchen am Rand eines großen Waldes. Du müsstest Angst haben, doch stattdessen isst du etwas Feines oder kochst ein schönes Essen, oder du läufst gerade zum Blumenladen oder du packst gerade einen Blumenstrauß aus, der an deiner Tür abgegeben wurde, doch nichts davon tust du mit der großen Inbrunst, mit der es später geschieht.

Du hast noch nicht mal angefangen. Erst muss eine Pause eintreten, so wie man vor einer Aufwallung großer Inbrunst immer eine Pause einlegt, und sei es auch nur, um tief Luft zu holen.

Das selige Alter kommt auf bloßen Füßen, es bringt Anmut und sanfte Worte und Arten und Weisen, von denen die harsche Jugend keine Ahnung hat.

Ich war schon achtzehn, als ich mein erstes klassisches Konzert besuchte. Das Konzert fand in einer kleinen Kapelle hoch oben in den Schweizer Alpen statt, und so viele Menschen drängten sich unter diesem Dach, dass man Klaustrophobie kriegen konnte, doch wenigstens hatte ich einen Sitzplatz auf einer Bank, in einer Kirchenbank, würde es wohl heißen. Ich lauschte der Musik vielleicht eine Viertelstunde, dann schlief ich ein. Ich war nicht gelangweilt, ich war entspannt und glücklich, nehme ich an. (Ich bin nie dahintergekommen, wie sich Glück anfühlt.) Als das Konzert vorüber war, wachte ich auf, und es war mir peinlich, dass ich geschlafen hatte. Das Publikum war schon auf dem Weg hinaus. Haben Sie schon mal bemerkt, wie nach einem Konzert der Boden mit Programmen übersät ist? Eine Stunde zuvor, beim Beginn des Konzerts, wollten alle ihr Programm haben, alle hielten ihr Programm in beiden Händen und hätten nicht im Traum daran gedacht, es herzugeben, doch hinterher lassen die Leute die Programme auf den leeren Plätzen liegen, und von dort gleiten sie leise auf den Boden. Das macht mich immer traurig. Deshalb hob ich beim Hinausgehen ein liegengebliebenes Programm vom Boden auf.

»Brahms' Wiegenlieder« – das war das ganze Konzert gewesen! Mit einem Mal hatte ich das Gefühl, dass ich mit meinem Einschlafen als Einzige die Musik wirklich *gehört* hatte. Natürlich hatte ich dieses Gefühl auch, damit mir das Ganze weniger unangenehm war – das ist das Komische an Gefühlen. Brahms' Wiegenlieder. Ich ließ das Programm in meine Tasche gleiten, ein Andenken an ein angenehmes Nickerchen, und verließ die Kapelle. Draußen war es kalt und der Himmel so voller Sterne, dass ich stehen blieb und länger nach oben blickte. Von diesem Abend sind mir die Sterne mehr in Erinnerung geblieben als die Musik, doch erinnere ich mich auch daran, dass ich beim Aufblicken zu den Sternen an die Programme dachte, die auf dem Boden verstreut gelegen hatten. Ich kann nicht behaupten, dass Brahms zu meinen Lieblingskomponisten gehört, doch ein Künstler, für den ich schon immer eine große Vorliebe hatte, ist Giacometti, der Schweizer Bildhauer und Maler; wenn ich seine Arbeiten betrachte, spüre ich die Spannung, von der alle reden, und dennoch wirken seine Werke so außerordentlich beruhigend auf mich, so wie Brahms an jenem Abend. So, als wäre alles, was sich in der Unendlichkeit von Stille und Raum erstreckt, Teil dieser großen Zeichnung, und als wären seine Zeichnungen Teil dieser großen Zeichnung, die so groß ist, dass der Anblick des Ganzen jeden einschläfern würde – man würde geradezu ohnmächtig davon. Giacometti, mein Wiegenlied. Henry Miller ist auch ein Künstler, der einen einschläfern kann. Ich schlafe oft ein, wenn ich ihn lese. Wenn er dieses harte Wort *Fotze* wieder und wieder verwendet, wird es am Ende weich, ganz weich, was frappierend ist, denn eine Fotze *ist* ja auch weich, sie ist ein warmer, weicher, im jugendlichen Zustand feuchter Ort, eigentlich ein *Punkt* in Anbetracht der Größe des Weltalls, so wie ein Stern ein Punkt ist, doch es sind so viele – Fotzen meine ich –, wer kommt da noch mit? Henry Miller selbst hat sich dazu geäußert, und dazu, dass er, Henry Miller, gelangweilt und enttäuscht und gleichzeitig angeregt wird, und das ist interessant – wenn man einschlafen will, das Schlaflied aber *anregt*, was kann man da machen, also ehrlich, was kann man da machen? Man kann Brahms hören, man kann Giacometti betrachten, man kann Henry Miller lesen, und jeder wird dir auf seine Art und Weise sagen, dass es nichts, absolut nichts gibt außer den Sternen, die auf dich herabschauen, auch wenn du meinst, dass du hinaufschaust. Wie schwerfällig ich mich fühle, indem ich das schreibe, wie schwer sich meine Hand anfühlt, wie schwer mir die Augen sind, wie mich mein Haar nach unten zieht, doch es ist eine Wahrheit, und wer eine Wahrheit verschläft, wird doch zum bitteren Ende bloß erwachen.

Zum Beispiel Frank. Frank ist ein heller Junge, aber ein fauler und starrköpfiger Schüler, einer, der alle seine Lehrer verachtet, insbesondere die begeisterten, leidenschaftlichen. Mindestens seit der siebten Klasse hat er lauter begeisterte Englischlehrer gehabt. Sie alle haben Frank gesagt, wenn er nur dieses oder jenes Buch lesen würde, er würde hingerissen sein, er würde sich zwischen diesen Buchseiten wiederfinden, er würde »hin und weg sein«. Frank gefällt die Vorstellung nicht, »hin und weg« zu sein, er findet, es klingt selbstmörderisch; Frank ist gerne da, wo er ist, und möchte auch dort bleiben. Frank möchte nicht hingerissen sein, und er möchte sich nicht wiederfinden, er sieht sich jeden Tag und findet sich bestens, er ist genau der, der er ist und sein möchte. Er versteht das ganze Aufhebens nicht. Als Mr Pacquette, der Englischlehrer, Frank ansprach und ihm die Gelegenheit geben wollte, seine fehlenden Punkte aufzuholen, interessierte das Frank kein bisschen. In Franks Augen waren Dinge entweder vorhanden oder nicht vorhanden, und Dinge, die nicht vorhanden waren, konnte man nicht als fehlend bezeichnen; er hatte nur eine bestimmte Anzahl Punkte, das war eine Tatsache, doch die Punkte für eine gute

Note waren nicht abhandengekommen, sie waren einfach nicht vorhanden. Warum sollte man auf die Suche nach etwas gehen, das nicht vorhanden war? Bei seinen nicht vorhandenen Punkten handelte es sich nicht etwa um einen Jugendlichen, der entführt worden war oder sich im Wald verirrt hatte, es gab kein Foto davon, das man an der Bushaltestelle aufhängen konnte, es ging nicht um eine Katze, er hatte nicht die geringsten Gefühle für diese Sache, die angeblich fehlte. Er persönlich empfand überhaupt keinen Verlust, Mr Pacquette war es, der einen Verlust empfand; leidenschaftliche Menschen, das hatte Frank bereits festgestellt, empfanden vor allem Verlust. Er wusste, dass das mit ihrer Begeisterung zu tun hatte, mit ihrem hysterischen Beharren, ihrem Herumfuchteln mit den Armen. Mr Pacquette fuchtelte in der Tat mit den Armen herum, als er Frank sagte, er habe die ideale Aufgabe für ihn, Frank brauche nur Herman Melvilles Geschichte »Bartleby der Schreiber« zu lesen und einen kurzen Aufsatz darüber zu schreiben, und die fehlenden Punkte würden aufgeholt sein, und gleichzeitig würde Frank »hin und weg« sein, was offensichtlich auch noch ein Pluspunkt war. Frank hatte kein Interesse, und das sagte er. »Ich möchte das lieber nicht«, sagte er, was Mr Pacquette sogleich als die berühmten – und einzigen – Worte des Schreibers Bartleby erkannte, obwohl Frank sie nur als seine eigenen erkennen wollte, das waren doch seine eigenen Worte, sie waren doch gerade aus seinem Mund gekommen, oder nicht? Doch Franks Worte brachten Mr Pacquette nur dazu, noch wilder mit den Armen zu fuchteln, und Frank sah, dass sein Lehrer kurz davor war, einen *Witz* zu sehen, und das war etwas, das Frank nicht im Mindesten interessierte und mit dem er nichts zu tun haben wollte. Als Mr Pacquette nun noch aufgeregter wurde, als er seinen Mund noch weiter aufsperrte, als es für einen Menschen notwendig war, und sagte: »Das ist ja gerade der *Witz*!«, sagte Frank: »Ich möchte das lieber nicht«, und ging hinaus. Womit der leidenschaftliche Englischlehrer seinen traurigen Gedanken allein überlassen blieb und an all die verpassten Anschlüsse und Gelegenheiten im Leben dachte, an all die Fehlschläge. Frank tat ihm leid, und Melville und Bartleby, und er selbst auch, ihm tat die Literatur leid mit ihrem traurigen Schicksal, sie sollte in der Lage sein, die Welt zu retten, konnte es aber nicht, doch es war nicht ihre Schuld. Derweil ging Frank am Eisenbahndamm entlang nach Hause, die Sonne schien auf ihn herab, sein Verstand funktionierte, er tat genau das, was er tun wollte, nämlich in seiner eigenen Welt sein, frei, er saß nicht zwischen den Seiten eines Buches fest, und wenn er ein Insekt sah, konnte er es unter seinem Fuß zerquetschen oder

es in eine rettende Streichholzschachtel stecken, die er
zu diesem Zweck in der Hosentasche mit sich führte.

ERINNERUNGEN AN MEINEN
WEIHNACHTSBAUM

Ich bin gegenüber Weihnachtsschmuck immer wehrlos gewesen, ich sitze in meinem Wohnzimmer und starre darauf. Die blinkenden Lichter am Baum gehen an und aus, und ich bin gebannt. Ich bin nie bei einem Hypnotiseur gewesen, aber vielleicht ist das Gebanntsein die letzte Phase, in die man eintritt, bevor man in die Hypnose abkippt. Vielleicht ist es das Letzte, an was man sich erinnert: dieses Gebanntsein. Offenbar ist es ein eigener Zustand. Als Kind schon habe ich das gemacht: abends, allein im Wohnzimmer, sah ich zu, wie die blinkenden Lichter an und aus gingen. Der einzige Unterschied ist, dass ich heute viel mehr über Weihnachten weiß als damals. Damals wusste ich praktisch nichts. Meine Mutter stellte in jedes Fenster eine elektrische Kerze, sie waren aus elfenbeinfarbenem Kunststoff, und wo die Kerze schmal zulief, fast an der Glühbirne, waren Tropfen modelliert, als wären sie aus Wachs. Diese Tropfen mochte ich am liebsten, ihretwegen sahen die Kerzen auch für Menschen im Haus echt aus, nicht nur für die Leute draußen. Damals wusste ich allerdings nicht, dass sich diese Dekorationen aus der jüdischen Menorah entwickelt hatten, aus dem jüdischen

Lichterfest. Ich glaube, meine Mutter hat es auch nicht gewusst, und wenn sie es wusste, hat sie es jedenfalls nie erwähnt. Ich habe sicher auch nie über die Ähnlichkeit zwischen einem Schlitten und einer Wiege nachgedacht. Ein Schlitten ist eigentlich nur eine sehr große Wiege. Die Kufen des Schlittens sind das, was die Wiege zum Schaukeln bringt. Im 19. Jahrhundert lebte ein exzentrischer Mann im Staat New York, und als er die fünfzig überschritten hatte, ließ er sich von einem Schreiner eine Wiege bauen. Ich habe sie in einem Museum gesehen, die größte Wiege, die je gebaut wurde, und jede Nacht schlief er darin, und als ihn die letzte Krankheit ereilte, blieb er Tag und Nacht in der Wiege, spürte mit allen Sinnen das Schaukeln der Wiege, während jemand ihn nährte und wiegte. Nähren im Sinne von Füttern meine ich. Er starb in seiner Wiege, und auf einem Schild an der Wand des Museums stand, an seinem Lebensende sei er glücklich gewesen. In meiner Kindheit hatte ich einen kleinen, roten, mit Velours überzogenen Schlitten als Weihnachtsschmuck. Ich setzte immer eine winzige Puppe hinein, aber jetzt ist er leer. Er gefällt mir nicht einmal mehr, und beim Schmücken des Weihnachtsbaums dachte ich schon daran, ihn wegzuwerfen, aber dann fiel mir der Mann in der Wiege ein, und ich habe ihn doch behalten. Meine Mutter und mein Vater schmückten unser Haus auch außen mit Lichtern. Wir wohnten jedes Jahr in einem anderen Haus, deshalb war es nicht einfach – die Länge der Lichterketten änderte sich dauernd. Menschen, die Jahr für Jahr im selben Haus leben, denken nicht an solche Dinge, bei ihnen bleiben die Maße immer die gleichen, es muss überhaupt nie etwas angepasst werden. Wenn unsere Lichter außen am Haus installiert waren, ließ mein Vater uns ins Auto steigen und fuhr uns in der Gegend herum, und wir begutachteten den Lichterschmuck an den anderen Häusern. Manchmal machte er abfällige Bemerkungen und manchmal schwieg er bewundernd. Wenn etwas seine Bewunderung gefunden hatte, nahm er im nächsten Jahr Veränderungen an seinem eigenen Lichterschmuck vor, und da wir dann wieder in einem anderen Haus waren, bemerkte keiner unserer Nachbarn, dass wir Nachmacher waren. Der schönste Garten, den wir je sahen, hatte eine Schneelandschaft mit einem gefrorenen Teich in der Mitte und lebensgroßen Schlittschuhläufern, die über den Teich schwebten und Muffs trugen. Das war in Südkalifornien, deshalb war alles künstlich: der Schnee, der zugefrorene See, und sogar die Schlittschuhläufer, und wenn sie sich bewegten, hörte man ein leises Sirren unter dem Eis – vermutlich von einem Motor. Da konnte mein Vater nicht mithalten, ich sah seinem Gesicht an, dass er sich geschlagen gab. Damals hatte jeder Lichterschmuck. Kein einziges Haus war ohne. Das ist heutzutage auf jeden Fall völlig anders. Heute haben nur arme Leute Lichterschmuck, und die ärmsten Leute haben die meisten Lichter. Jedenfalls trifft das auf die Stadt zu, in der ich lebe. Eine Straße gibt es, da wohnen die Allerärmsten, und in der Weihnachtszeit erstrahlt sie in Lichtern, auf den Rasenstücken stehen elektrische Rehe und riesige aufblasbare Weihnachtsmänner, auf den Dächern sind weitere Weihnachtsmänner, die in Rentierschlitten herabgefahren kommen und dergleichen mehr. Die reichen Leute finden es hässlich, die machen sich nicht mehr die Mühe und sorgen sich wegen des Stromverbrauchs. Sie möchten ein ruhiges, natürliches Leben. Sie backen ihr eigenes Brot, sie machen Kekse und Kuchen und Pasteten selbst, sie machen ihr eigenes Bier, ihren Wein und ihre Spirituosen, und im Sommer bauen sie ihr eigenes Gemüse an, und dann im Winter, wenn sie einen Weihnachtsbaum oder Stechpalmen wollen, gehen sie einfach hinaus auf ihr Grundstück und fällen oder schneiden, was ihnen gefällt. Arme Leute brauchen Geld, sie müssen ins Geschäft gehen und ihr Essen kaufen, vor allem Sachen, die schon fertig sind. Es war nicht immer so. Als ich klein war, war es so, dass arme Leute alles selbst machen mussten, während reiche Leute sich Dinge kaufen konnten. Meine Mutter kaufte ganze Kuchen im Lebensmittelgeschäft und sagte, wir hätten Glück, dass wir nicht selbst backen mussten. Jetzt ist alles umgekehrt. Wenn meine Mutter und mein Vater noch lebten, wären sie sehr verwirrt. Ich glaube, wir wären alle sehr verwirrt, wenn wir nicht sterben würden. Vielleicht verhindert der Tod eine riesige Verwirrung, die uns, wenn sie einfach weiter ihren Verlauf nehmen könnte, schließlich alle umbringen würde. Als ich klein war, gab es ein Weihnachtsritual, das mich regelmäßig massiv verwirrte. Meine Mutter hatte einen kleinen Keramikschlitten, der auf dem Tisch stand. Er wurde von einem Weihnachtsmann aus Keramik gelenkt und von Keramikrentieren gezogen. Jedes Jahr musste ich leere Streichholzschachteln in Papier wickeln, damit sie wie kleine Geschenke aussahen. Dann türmten wir sie in dem Schlitten auf, das waren die Geschenke, die der Weihnachtsmann beförderte. Doch die Schachteln waren leer, und das machte mich traurig. Meine Mutter saß am Tisch und rauchte und sah mir beim Einpacken der Streichholzschachteln zu. Können wir nicht etwas hineingeben?, fragte ich. Nein, sagte sie, die sind ja nur zum Schein. Könnten wir nicht so tun als ob?, sagte ich. Das tun wir ja, sagte sie. Ich meine, *so richtig als ob*, sagte ich, aber sie starrte nur in die Luft, und ich wusste, dass die Unterhaltung beendet war. Eins ist sicher – ein Weihnachtsbaum wäre ich nicht gern. Es wäre zwar schön, so im Mittelpunkt zu stehen, ganz geschmückt und voller Lichter, so dass die Leute einen hingerissen betrachten und aus dem Häuschen geraten würden und wie gebannt wären. Das wäre schön. Doch dann würdest du anfangen zu nadeln, und die Leute hätten genug von dir und fänden dich nicht mehr hübsch. Sie würden all den Schmuck abnehmen und dich draußen auf den Gehsteig schleifen, wo du aufgesammelt und zusammengepresst würdest, um schließlich verbrannt zu werden. Das ist der schreckliche Teil. Vielleicht haben deshalb so viele Leute heutzutage künstliche Bäume. Sie sind ziemlich beliebt. Man kann sie in Einzelteile zerlegen und in eine Schachtel geben und aufbewahren. Man kann so einen Baum behalten, bis man stirbt, und kann ihn sogar an die Kinder vererben. Sie sind vielleicht nicht echt, aber wenn man sie so anschaut, sieht man keinen Unterschied. Das macht Menschen immer glücklich – wenn sie keinen Unterschied feststellen können. Und Glück, glücklich sein zu wollen, das ist das Natürlichste von der Welt. Dieser Mann in seiner großen Wiege war glücklich, obwohl ich nie verstanden habe, warum sie bei seinem Tod nicht die Kufen abgesägt und die Wiege als Sarg verwendet haben. Ich glaube, das wäre niemandem aufgefallen, der Unterschied zwischen einer Wiege und einem Sarg ist ja letzten Endes kaum der Rede wert, doch dann wiederum hätte ich die Wiege nicht später im Museum gesehen, und wenn das nicht geschehen wäre, hätte ich meinen roten Veloursschlitten nicht behalten, ich hätte ihn einfach weggeworfen. Nein, niemals! Wenn Weihnachten kommt, sitze ich unweigerlich auf dem Schoß von Charles Dickens und spreche ihm nach: Willkommen, Alles! Zu dieser innig erinnerten Zeit, da Alles imstande ist, aufs Leichteste in Irgendwas verwandelt zu werden. An diesem Tag wollen wir Nichts aussperren!

Lila Traurigkeit ist die Traurigkeit von klassischer Musik und Aubergine, von Schlag Mitternacht, menschlichen Organen, Häfen, die einen Teil des Jahres nicht schiffbar sind, von Wörtern mit zu vielen Bedeutungen, Weihrauch, Schlaflosigkeit und zunehmendem Mond. Sie ist die Traurigkeit von Spielgeld und dem Blick auf Eisberge aus einem Kanu. Man kann zur lila Traurigkeit tanzen, aber langsam, so langsam, wie man eine Grube gräbt, in die ein schlafender Riese passt. Lila Traurigkeit durchdringt alles und reicht tiefer ins Innere als die größten Nickelvorkommen der Welt, oder jede andere Traurigkeit auf der Erde. Sie ist die Traurigkeit von Depots und dem Echo hoher Absätze in einem langen Flur, sie ist das Geräusch der Tür, die deine Mutter abends schließt, wenn sie dich allein lässt.

Schwarze Traurigkeit ist der Eschenschössling, die Überreste sind auf mehrere Provinzen verstreut, sie ist die Traurigkeit von Rechen und Doppelnamen, von Wolken, die sich für Trauben halten, sie ist die Traurigkeit von Broschen, die auf der Brust oder am Hals getragen werden können, wie traurig aber, dass dort niemand die Traurigkeit des Details sehen kann, der Frau, die eine Gitarre ohne Saiten spielt, des Hasen, der vergeblich dem Fuchs enthüpft, sie ist zerrissene Traurigkeit und Traurigkeit entzweigetrennt, sie ist das Loch in der Traurigkeit, aus dem keine Worte entkommen und keine Seele entspringt, sie ist die Kalorientraurigkeit von Bomben. Viele von uns hatten früher einen schwarzen Samtrock. Sie ist die kleine Angie Moss auf dem Weg zum Jahrmarkt, dort wird sie ihr erstes Abenteuer erleben.

EINES MÄDCHENS THEORIE

Mr Timothy Wells wurde am 18. Oktober beim Errichten einer großen Scheune von einem stürzenden Balken getroffen und verschied auf der Stelle, es war ein klarer Tag, kein Wölkchen an unserem Himmel. Er war, dies sei vermeldet, 28 Jahre alt, und nach dem Unfall blieben seine Augen offen. Nachdem ich das gelesen hatte, musste ich den Friedhof verlassen. Deine Widerhaken so zu beködern, ist unmoralisch. Ich wollte nicht darüber nachdenken und machte zum Mittagessen Halt an einer Klitsche abseits des Sees und bekam einen Platz in einer Nische am Fenster. Die Fenster trugen Ziergardinen, in die Ziergardinen waren Eicheln und Eichenblätter eingewebt. Ich bekam ein Glas Wasser, eine Schüssel Erbsensuppe und zwei Salzcracker in einer Packung. In der Nische neben mir redeten zwei Leute. In Milliarden und Abermilliarden Jahren, sagte der eine. Vor Milliarden und Abermilliarden Jahren, sagte der andere. Das stimmte mich so traurig, dass ich ging, dabei ließ ich die Packung mit den Salzcrackern neben einem schicken Trinkgeld zurück. Worüber redeten diese Leute? Einmal hatte ich mir vorgestellt, ein Baby mit acht oder neun Herzen würde auf einem Planeten mit ebenso vielen Monden geboren, aber das war bei weitem nicht genug. Fischerboote schaukelten am Rand des Sees. Niemand schien ihnen zuzuhören. Einst (vor langer Zeit in England) geschah es, dass Du in Deiner Weisheit ein Baby ohne Hirn zur Welt kommen ließest. Es lebte ein paar Tage, dann leuchteten die Ärzte hinein und fanden den hohlen Raum in seinem Schädel. Niemand will diese wahre Geschichte glauben, ihre Hirne lassen es nicht zu. Ich glaube, dieses Kindlein war Dein Kind der Liebe, und jeder, der davon liest, den wirst Du töten.

AN EINE ZEITSCHRIFT

Ich lehne hiermit Ihre Bitte um eine schriftliche Ablehnung ab. Man muss alles ablehnen, um leben zu können. Das mag stimmen – doch die Abgelehnten wissen ein anderes Wissen, wären sie nämlich nicht abgelehnt, würde der Himmel in irdischen Träumen auf die Erde herabsteigen, und ein unendliches Blühen aller Lebensformen würde einen silberösen Film über unsere schmuddlige Geschichte breiten, die zufallsweise mittels gewalttätiger Unruhen als Auflehnungen gegen Ablehnungen fortgeschritten ist; ohne Ablehnung gäbe es keine Erde in der uns bekannten Form. Was ist denn unsere Kugel anderes als ein vom Mutterleitstern geschleuderter abgelehnter Stern? Die Abgelehnten wissen, wenn sie unabgelehnt wären, würde dies zu einem hellen klaren Himmelsblau führen, einer unendlichen Liebe, die sich in noch mehr unendlicher Liebe auflöste. Das ist ihr Geheimnis und niemand außer ihnen hat daran Anteil. Sie bleiben deshalb die Ungeglaubten, sie bleiben die Verkörperung des Himmels selbst. Sollen nur andere das Leben, wie wir es kennen, fortführen, diese Beimischung, dieses Amalgam, das Glückliche, das Traurige, die Überfülle aller Dinge unter dem sonnigen Mond, all das, was ohnehin in einem empfind-

lichen Gleichgewicht hängt. Allein schreiten die Abge-
lehnten auf einem geraden Weg, sie treten durch ein ge-
rades Tor, sie sehen in ihren Träumen, was niemand
sonst sehen kann – ein Ende aller Verwirrung, ein En-
de allen Leids, der elysische Nebel ewig wohltuenden
Dampfes. Verzeihen Sie mir, wenn ich Ihren Gedanken
in Worten Ausdruck verliehen habe. Es war das Ge-
ringste, was ich für einen solchen Kameraden tun konn-
te, dessen verwaiste Seufzer zu mir in meine Duckhütte
dringen.

Ich bin nie einsam und langweile mich nie. Außer, wenn ich mich selbst langweile, was meine Definition von Einsamkeit ist – der Zustand, wenn man sich selbst langweilt. Das macht einen echt einsam. Heute bin ich sehr gelangweilt und sehr einsam. Mir fällt nichts Besseres ein, als Salz und Pfeffer in meinen Milchshake zu mahlen, was ich mache, seit ich dreizehn bin, was wiederum so lange her ist, dass sich schon allein das Wort »dreizehn« antiquiert anhört, man könnte genauso gut sagen »Ottomanisches Reich«. Traditionellerweise ist dreizehn eine Unglückszahl. Mit dreizehn Jahren ahnte ich nicht, dass ich mich durch eine einzige Handlung auf dem besten Weg zu Einsamkeit und Langeweile befand. Meine Freundin Vicki und ich saßen am Buffettresen bei Woolworth und warteten auf die Milchshakes, die wir bestellt hatten – sie Schokolade, ich Vanille –, da stand Vicki auf und ging zur Toilette. Während sie weg war, kam der Milchshake, und aus Witz streute ich Salz und Pfeffer darauf, weil ich – ohne es damals zu wissen – jung und gefühllos und grausam war. Vicki kam zurück, sie nahm den Strohhalm aus dem Papier, steckte den Strohhalm in ihren Milchshake, saugte eine gefühlte Ewigkeit durch den Strohhalm und dann schluckte sie endlos, wie es mir vorkam. »Das ist der beste Milchshake, den ich je getrunken habe«, sagte sie dann, besser gesagt, sie seufzte die Worte mehr, als dass sie sie sagte. »Der beste Shake, den ich je getrunken habe.« Auf so plötzliche und unverhoffte Weise beginnt Langeweile. Ich probierte ihren Milchshake. Ich sagte ihr, was ich gemacht hatte, der Vanilleshake kam an, und wir streuten auch darauf Salz und Pfeffer, und dann war uns langweilig, deshalb gingen wir einkaufen – wir waren ja schließlich bei Woolworth –, allerdings hieß einkaufen bei uns klauen, wie jede gelangweilte einsame Dreizehnjährige weiß. Vicki stahl eine kleine Dose der neuesten Erfindung, Lipgloss, das war geliertes Erdöl, pink gefärbt, und ich stahl ein gelbes Spitzenkopftuch, das ich am Ostersonntag zur Messe tragen wollte, ich habe es dann aber doch nicht zur Messe getragen: Ich trug es zur Beichte am Samstag vor Ostern und beichtete dem Priester, dass ich ebendieses Teil, das ich auf dem Kopf trug, gestohlen hatte. Warum nicht? Ich hatte sonst nichts zu beichten. Dass ich meiner besten Freundin einen üblen Streich gespielt hatte, der dann allerdings ganz in Ordnung gewesen war, schien nicht der Mühe wert. Was mir jedoch etwas ausmachte, war, dass den Priester meine Beichte anscheinend langweilte; ich hatte ihn schockieren wollen, doch er war es dann, der mich scho-

ckierte, ich hatte ja so wenig Erfahrung mit Erwachse-
nenlangeweile. Er gab mir drei Gegrüßet seist du Maria
als Buße auf und schloss das Beichtfenster. Was war los?
Ich hatte mich selbst schockiert, als ich das Spitzen-
kopftuch klaute und es dann beichtete, doch den Pries-
ter hatte ich gelangweilt, seine Langeweile schockier-
te mich nun, obwohl es mich später langweilen würde,
Jahre später, als Lipgloss eine Allerweltsache geworden
war, als die Vorstellung, dass katholische Frauen eine
Kopfbedeckung tragen sollen, antiquiert war, als man
Priester der Gefühllosigkeit und Grausamkeit verdäch-
tigte und die Kombination von Zucker und Salz ein
Riesentrend war und in allen angesagten Kneipen und
schicken Lokalen serviert wurde. Doch wie gesagt, ich
bin nie einsam und langweile mich nie, und wenn heute
eine Ausnahme ist, ist es die uralte Ausnahme, die jeder
Tag ist, denn jeder Tag wird zu einem morgen und mor-
gen wird heute, und heute zu gestern, und ich gebe zu,
dass daran wohl kaum einer von uns etwas ändern
kann.

Graue Traurigkeit ist die Traurigkeit von Heftklammern und Gummiringen, von Regen und Eichhörnchen und Kaugummi, Salben und Tinkturen und Kinos. Graue Traurigkeit ist die gewöhnlichste aller Traurigkeiten, sie ist die Traurigkeit von Sand in der Wüste und Sand am Strand, die Traurigkeit von Schlüsseln in der Tasche, Dosen im Regal, Haaren im Kamm, Reinigungen und Rosinen. Graue Traurigkeit ist schön, aber nicht mit der Schönheit von blauer Traurigkeit zu verwechseln, welche unersetzlich ist. Traurigerweise ist graue Traurigkeit ersetzlich, sie kann täglich ersetzt werden, es ist die Traurigkeit eines schmelzenden Schneemanns in einem Schneesturm.

Rote Traurigkeit ist die heimliche. Rote Traurigkeit erscheint nie traurig, sie erscheint wie Nijinsky beim rasanten Sprung quer über die Bühne, sie erscheint in Blitzen von Leidenschaft, Zorn, Angst, Begeisterung und Mut, in dunklen unverkäuflichen Visionen; sie ist ein umgedrehter Groschen, der unter einem Teewärmer verborgen liegt, die Gleichmütigen und die Unerschütterlichen sind nicht dagegen gefeit, und ein Kurator versah sie einst mit diesem Zusatz: *Aufgrund des brüchigen Zustands des Behältnisses wurde kein Versuch unternommen, den Zettel herauszunehmen.*

In jenem Sommer gab es so viele Wolken, wir wussten nicht, was wir damit machen sollten. Sie überschwemmten den Himmel – sie waren auf unseren Straßen, in unseren Häusern, in unseren Schubladen und Schränken. Sie waren in unseren Autos und unseren Bussen, sogar in Taxis habe ich sie gesehen. Niemand hatte jemals so viele Wolken gesehen, und es ging so weit, dass sich – wie es bei einer Schwemme häufig vorkommt – niemand mehr an eine Zeit ohne Wolken erinnerte. Unsere Gesetzgeber versuchten, sie in ein anderes Land zu verfrachten, doch die Frage stellte sich wieder: Was sollte man mit so vielen Wolken anfangen? Kein Wind kam, kein Regen, nichts, was sie aufbrechen, ihrem unentwegten Zuwachs Abbruch tun konnte. Schießt sie auf den Mars, sagte jemand, doch auf dem Mars konnten sie nicht existieren. Dafür brauchte man eine Atmosphäre, und das war ja vielleicht seltsam, da doch so viele Wolken unsere Atmosphäre umwölkten und jeder Bürger sich vorkam wie in einem Theaterstück, im Theater, von eines anderen Laune überwältigt, der unendlichen Nostalgie unterbewusster Diktate ausgeliefert. Ich war nicht die Erste, die, von ihren Bildern überrascht, oft verängstigt war. Sie warfen lange Schatten in einem unirdischen Licht. Manche waren blau, manche grau, manche schwarz, manche weiß, manche waren rosa, manche waren lavendel, manche orange, manche grauslich violett. Alle versetzten sie uns in Trance und Stille. Unfreiwillig nahm ich die Leiden unzähliger wahr. Unsere Träume von einer Lösung, so abgelegen sie auch sein mochte, zerfielen in den tiefen und elementaren Wurzeln einer unergründlichen Wirklichkeit. Das Bild einer schlaffen Wolke, die uns beobachtete, war nicht zu leugnen. Sie waren irrational, unmöglich, verblüffend und bestürzend, solitär, geschichtet, getüpfelt wie ein Fischrücken, von sagenhaften Formen und fade wie der Tag lang ist. Sie hypnotisierten uns und sie paralysierten uns. Jedoch sie hielten sich, sowohl an den höchsten wie auch an den tiefsten Stellen, und ihr akribisch exakter Realismus spornte uns an, sie zu fangen und zu hegen und zu füttern, so, dass andere, weit in erforschbarer Zukunft, das zeitweilige, doch bedrängende Gewicht ihrer totalen Wirklichkeit würden erfassen und dadurch vielleicht verstehen können, warum uns jegliche Hoffnung abging, sie und ihre gedrängte Häufung bei uns zu verstehen, obwohl wir doch mit Gehirnen glänzten, die sich über sie sollten hinwegsetzen können, was sich als unmöglich erwies, auch wenn es nur noch wenige gibt, die sich daran erinnern. Selbst heute noch, so viele Jahre danach, kommt mir beim müßigen Spazieren, etwa des Sonntags, unter einem wolkenlosen Himmel, beim Anblick eines Kindes, das in der rechten Hand ein Büschel Zuckerwatte am Stiel wie eine Taschenlampe trägt, der vertraute Ruf jenes Sommers wieder in den Sinn, der Ruf, der aus den Mündern so vieler Kinder stieg: *O Mutter, o Vater, wozu seid ihr? Mich dünkt, ich seh euch nicht, inmitten so vieler Wolken?*

Es ist doch wirklich traurig, dass heutzutage niemand an der Kunst des Kopfschrumpfens Interesse zeigt. Männer, Frauen, Kinder gehen durch die Straßen, sie überqueren Felder und betreten Wälder, sie laufen an Meeresstränden entlang, doch soweit ich weiß, ist niemand unter ihnen, der an Schrumpfköpfe denkt. Ich denke über Schrumpfköpfe nach, doch behalte ich den Gedanken für mich, also in meinem Kopf, denn wenn das Thema überhaupt einmal zur Sprache kommt, löst es Entsetzen aus wegen der Gewalt, die notwendigerweise zur Anwendung kommt, um den Kopf abzutrennen, bevor er geschrumpft werden kann. Betrachtet man es aber als Kunst und Konzept, legten die Stämme Amazoniens eine Genialität an den Tag, welcher unser ehrfürchtiges Staunen gebührt: Einen menschlichen Kopf als Miniatur zu konservieren ist ein herrliches Wunder, das in nichts den Großen Pyramiden nachsteht. Kürzlich stieß ich auf eine Erwähnung von Schrumpfköpfen in *Kon-Tiki*, Thor Heyerdahls Bestseller über seine mit fünf Reisegefährten unternommene Fahrt auf einem einfachen Holzfloß, das 1947 an der Küste von Peru ins Meer stieß und 101 Tage später auf einer unbewohnten Südseeinsel landete. Diese

Reise, die auch in den Augen erfahrener Seeleute nur im Verhängnis enden konnte, wurde unternommen, um Heyerdahls Theorie zu bestätigen, dass Polynesien von Völkern des südamerikanischen Kontinents besiedelt wurde. Das Buch wird heutzutage nicht mehr viel gelesen, doch das Exemplar, das ich im Wohltätigkeitsladen fand, war die 21. Auflage aus dem Jahr 1962, deshalb kann man mit Fug und Recht annehmen, dass Leute lange Zeit sehr wohl über Schrumpfköpfe nachdachten, die auf Seite 62 flüchtig erwähnt werden. Als Heyerdahl und seine Leute 1947 auf einer Werft in Lima ihr Floß bauten, war der Handel mit Schrumpfköpfen gesetzlich streng verboten, allerdings gab es immer noch Leute, die mit dem Verkauf dieser gedörrten Oberteile des menschlichen Körpers ihren Lebensunterhalt verdienten. Der amazonische Dschungel ist undurchdringlich, und solche Dinge lassen sich schwer kontrollieren. Heyerdahls Darstellung ist kurz und skizzenhaft, aber man lernt Folgendes über den Vorgang: Nach der erforderlichen Enthauptung wird der Schädel zertrümmert und durch den Hals entfernt, wobei die Haut des Kopfes unversehrt bleibt, ein Fleischbeutel, der dann mit heißem Sand gefüllt wird, um den der Beutel schrumpft, ohne seine Form oder seine Gesichtszüge zu verlieren. Der geschrumpfte Kopf hat etwa die Größe einer Orange. Einer von Thors Männern hatte lange im Dschungel gelebt, ein Freund von ihm war dort ermordet und sein Kopf geschrumpft worden. Den Mördern versprach man, dass sie gegen Aushändigung des Kopfes straffrei davonkommen würden, und auf diese Weise gelangte das Köpfchen schließlich an die Witwe, die in Ohnmacht fiel. Danach wurde der Kopf in einem Koffer aufbewahrt, wo er Schimmel ansetzte, in regelmäßigen Abständen musste er zum Lüften am Haar auf der Wäscheleine aufgehängt werden. Beim Anblick des Kopfes fiel seine Witwe jedes Mal in Ohnmacht. Eines Tages gelangte eine Maus in den Koffer, und damit war es vorbei mit dem Kopf. Gefressen von einer Maus! Von Würmern gefressen zu werden, ist fad und unvermeidlich. Doch ein Kopf, der von einer Maus angenagt wird, ein Kopf, der ein Stück Schimmelkäse auf einem Teller wird – das sprach Bände über die Verkehrung von Machtverhältnissen, über Torheit und Eitelkeit. Ich fühlte mich an eine japanische Zeichnung aus dem neunzehnten Jahrhundert erinnert, die ich einmal sah – *Mäuse transkribieren ein Buch* von Kawanabe Kyōsai. Darauf knien weiße Mäuse, rotäugig und mit Kimonos bekleidet, an einem niedrigen Pult und transkribieren ein Buch, während weiter entfernt in einer Ecke nackte schwarze Mäuse die Seiten eines zuvor transkribierten Buches verschlingen. Bin ich eitel, wenn ich mir meinen Kopf als Buch denke? Transkribiere ich nicht das Buch meines Kopfes, indem ich schreibe? Von einer Maus gefressen! Ich musste mehr erfahren, ich forschte nach und stieß auf eine detailliertere Darstellung des Verfahrens, eine Methode, wie sie die Jivaro-Indianer des ecuadorianischen und peruanischen Amazonasgebiets anwenden, die, soweit ich sehe, heute als Shuar bekannt sind; diese Ethnozentriken werden erstaunlich kompliziert. Die Jivaro, oder Shuar, schlitzen das Kopffleisch am Hinterkopf auf, entfernen den Schädel und werfen diesen in den Fluss, um die Flussgötter milde zu stimmen. Augen und Mund werden zugenäht, um den Geist zu lähmen, welcher, gewalttätig ums Leben gebracht, auf Rache sinnen würde. Der Fleischkopf wird zwei Stunden gekocht, bis die Haut dunkel und gummiartig und der Kopf im Umfang auf etwa ein Drittel reduziert ist. Das Innere der Haut wird nach außen gekehrt und alles noch an der Innenseite haftende Fleisch abgekratzt, dann wird sie wieder umgestülpt und ähnelt jetzt einem Gummihandschuh. Die endgültige Schrumpfung erfolgt mit Sand und heißen Steinchen, die nach und nach durch die Halsöffnung eingefüllt und in dauernder Drehbewegung gehalten werden, damit keine Verbrennungen entstehen. Der Sand dringt dahin vor, wohin die Steinchen nicht gelangen, in die Spalten von Nase und Ohren, und heiße Steine werden auch auf die Außenseite angebracht, um die Gesichtszüge zu versiegeln. Überschüssiges Haar wird abgesengt und das fertige Produkt über ein Feuer gehängt, um schwarz und hart zu werden. Die Lippen werden durch Auflegen einer erhitzten Machete getrocknet und anschließend mit einer einheimischen Faser zusammengeheftet. Das Wort für Schrumpfkopf ist *tsantsa* (ausgesprochen: *san-sah*), und die Prozedur existiert seit unvordenklichen Zeiten, eine so alte Kunst, dass man über ihren Ursprung nichts weiß. Das Schrumpfen eines Kopfes dauert etwa eine Woche, und der Künstler arbeitet täglich daran. Zum Abschluss wird bei einer Zeremonie eine Schnur durch den Kopf gefädelt, damit dieser um den Hals getragen werden kann, denn der Kopf eines Feindes ist eine Trophäe, eine Art lebendiger Trophäe, die noch den Geist des Besiegten enthält. Manche Stämme allerdings behielten die Köpfe nach der Zeremonie gar nicht, sie verfütterten sie an Tiere oder gaben sie Kindern als Spielzeug, das irgendwann verloren ging. In dem Fall sind es Puppen, aber ganz besondere: Sie sind *echte* Puppen, der Traum eines jeden Mädchens. Imitationen von Schrumpfköpfen sind schwer herzustellen, doch sobald sie – mit Ankunft des weißen Mannes – zur Ware geworden waren, versuchten es viele. Manche Schlauberger verwendeten überhaupt andere Tiere und nahmen die Köpfe von Affen oder Ziegen.

Wo ein Wert ist, wird es auch Sachverständige geben, und Sachverständige sagen, Nasenhaar und Ohren seien besonders schwer zu imitieren. Ein Sachverständiger, der einen Schrumpfkopf auf seine *Echtheit* hin untersucht, unterscheidet sich nicht wesentlich von einem Kunstsachverständigen, der einen vermeintlichen Rembrandt untersucht, um festzustellen, ob er *echt* ist oder nicht. Bei beiden Vorgängen kommen Vergrößerungsgläser zum Einsatz. Doch ich denke immer wieder an die Maus, die nicht wusste oder der es egal war, dass der Kopf etwas anderes war als bloß Fressen. Wir essen doch schließlich auch Dörrfleisch, oder nicht? Vor allem gefällt mir die Vorstellung, dass ein Kopf auch nach dem Tod noch ein Schicksal haben kann. Und die Geschichte von der Witwe, die jedes Mal in Ohnmacht fiel, wenn sie den Kopf ihres Ehemanns an der Wäscheleine sah, ließ mich an meine erste Begegnung mit einem Schrumpfkopf denken. Als ich sechzehn und Schülerin in Brüssel war, machte ich oft blau, ich schwänzte die Schule, wie man es auch nennt, und machte dann immer denselben Ausflug. Ich fuhr mit der Straßenbahn an den Stadtrand und spazierte durch das marmorne Mausoleum, das gemeinhin Kongo Museum heißt. Ich mag mit sechzehn noch keine Schriftstellerin gewesen sein, aber ich war ganz ausgesprochen eine Tagträumerin, und im Taumel des Glücks über meine

Freiheit wandelte ich unter den hängenden Kanus umher, starrte ausgestopfte Elefanten an und spähte in die Augenlöcher von Masken, mit denen ich mich auf eine besondere Weise verbunden fühlte. Natürlich erfüllt mich rückblickend Scham, aber nicht deshalb, weil ich Freiheit empfand, Freiheit ist etwas, dessen man sich niemals schämen sollte, sondern wegen meiner krassen und völligen Unwissenheit. Ich kann heute sagen, dass meine Unwissenheit nicht im Geringsten etwas mit meinem Fernbleiben vom Unterricht zu tun hatte, mit absoluter Sicherheit wurde in meiner Schule nichts von der Wahrheit gelehrt, die ich heute kenne, nämlich, dass das Museum, in dem ich umherstreifte, auf Vergewaltigung und Plünderei und Brandschatzen und Unterdrückung und Mord errichtet war, dass alles darin gestohlen war, ein Reichtum, der mittels Gewalt und durch eine so niederträchtige und unsägliche Bosheit erworben war, dass unsere Köpfe es nicht fassen können und kein einziges Wort dafür haben, sondern endlose Wortkorridore bemühen müssen, und jeder solche Korridor mündet in einen anderen, welcher wieder tausend Meilen länger ist als der vorhergehende auf dieser unserer hoffnungslosen Suche nach einer innersten Kammer des Begreifens, das es nicht gibt. Zwischen diesen Millionen und Abermillionen Wörtern vergeht die Zeit, und in der Zeit vergeht die Sklaverei, wenn auch nur auf dem Papier, eine Seite, die zwischen tausend anderen Seiten steckt, und da stehen zwei Wörter, *Gummi* und *Elfenbein*, die brechen von den anderen ab und ziehen in Gestalt von Autoreifen und Klaviertasten ihre Bahnen um die Welt. Doch Kommerz und Kultur bringen uns rasch in einen Korridor, der zu weiteren Autoreifen und Klaviertasten und ihrer Entsprechung führt, dem Geld, ich aber möchte den Weg der Schrumpfköpfe und Puppen einschlagen, weißes gummiartiges Fleisch und elfenbeinartiges Porzellan, Haut und Knochen, Gesichter und Masken. Mit sechzehn hatte ich das Puppentum noch kaum überwunden, und deshalb war es kein Wunder, dass ich mich dort im Kongo Museum in einen Schrumpfkopf verliebte. Der Kopf war natürlich nicht aus Amazonien, sondern aus Afrika. Ich weiß nicht, wie sich die Kunst auf diesem Kontinent entwickelt hat, doch Genialität gedeiht an jedem Ort, das ist immer so gewesen und wird immer so sein, und es wird immer Leute geben, die das bezweifeln. Wie gesagt, ein Schrumpfkopf kommt einer *echten* Puppe so nah, wie es überhaupt nur geht, und in dieser Hinsicht ist er zugleich ein Erwachsenenspielzeug und ein Kinderspielzeug – er ist ja schließlich eine andere Person, und damals wie heute war ich empfänglich für den Reiz, eine andere Person zum Spielen zu haben. Er hing, ganz wie eine Spinne, an einem unsichtbaren Faden vom oberen Ende eines Glaskastens, der größer war als ich. Er *war* so groß wie eine Orange. Er war sonderlich und einmalig und menschlich und ganz und gar wirklich, ein Mann mit Augen und Wimpern und Haar (offenbar schließen die Afrikaner ihren Puppen nicht die Augen.) Erst später erfuhr ich, dass Haar und Wimpern nicht zusammen mit dem Fleisch des Gesichtes schrumpfen, deshalb haben die geschrumpften Gesichter oft die üppigen Wimpern eines Kindes, und das Haar ist viel länger als das Gesicht, manchmal wird es geschnitten, so groß ist des Menschen Drang nach Proportion. Mein Mann jedoch hatte langes, ungestutztes Haar, und da es das Jahr 1969 war, fand ich nichts dabei, alle Männer, die mir gefielen, hatten langes, ungestutztes Haar. Seine Haut hatte den Glanz einer Aubergine – bestimmt war sie geölt –, und alle Lilatöne dieser Frucht waren vertreten; seine Nase war breit und flach und seine Augen tief in den Höhlen, unnatürlich tief, und sie glänzten sehr schön, doch so viele Jahre sind seither vergangen, ich kann nicht mehr mit Gewissheit sagen, was da war und was nicht, obwohl ich unzählige Male wiederkam, um ihn zu betrachten, nach einiger Zeit war er das Einzige, was ich dort sehen wollte, und ich begann, mit ihm zu sprechen. Ja, ich verlieh einem unbelebten Gegenstand Leben, doch kann man von einem Menschenkopf jemals sagen, dass er ein unbelebter Gegenstand ist? Er war kein Schädel, er war nicht im Verwesen begriffen, er war in keiner Weise verunstaltet. Er war, was er gewesen war: eine Person. Ich weiß nicht mehr, worüber wir sprachen, doch er besaß mich so, wie ich ihn besaß, und der Besitz des Kopfes eines Geliebten ist, ebenso wie der Besitz eines Feindeskopfes – das Krankhafteste auf Erden. Ich hätte mit verbundenen Augen ins Museum kommen können und wäre genau richtig um jede Ecke gebogen, um ihm schließlich Auge in Auge gegenüberzustehen. Ich werde nie seinen Ausdruck vergessen, er sah *erschrocken* aus. Kein anderes Wort fällt mir ein. Ich konnte mich selbst nicht sehen, aber ich muss auch erschrocken ausgesehen haben. Wir standen einander gegenüber, so wie man plötzlich einem Reh gegenüberstehen kann, beide einen Augenblick lang erstarrt, voneinander aufgeschreckt, und in diesem Blickwechsel scheint es nur einen Blick zu geben, als hätte man selbst und das Gegenüber ein und dasselbe Paar Augen. Die Jahre vergingen. Ich verließ die Stadt, ich kehrte nie zurück, die Beschilderung im Museum ist gewiss eine andere, da bin ich sicher, doch der Eindruck, den der Schrumpfkopf auf mich machte, blieb unverändert, und ich frage mich heute, warum Menschen nicht die Kunst des Kopfschrumpfens in ihre Begräbnisriten integrieren. Ich meine das ernst. Was hindert uns denn daran, die Köpfe der Toten, die wir begraben, zu behalten, indem wir sie auf die Größe von Orangen (oder Äpfeln) reduzieren, und aus tiefer Liebe und Achtung aufzubewahren, für unsere Nachkommen etwa, für die sie dann Vorfahren werden, und was sind Vorfahren denn anderes als *die Lieben unserer Lieben*, da ein einziger Akt der Liebe am Anfang der Zeiten das bewirkt hat, was wir Zukunft nennen? Die Voraussetzung ist hier natürlich, dass Fortpflanzung mit Liebe zu tun hat, was jedoch sehr oft nicht der Fall ist, deshalb möchte ich nicht sagen, Liebe reist am weitesten, ich könnte genauso gut sagen: Sex; vielleicht ist Liebe nur ein symbolisches Verhalten gegenüber Sex, ganz gewiss jedenfalls ist es ein symbolisches Verhalten gegenüber den Lebenden und den Toten. Was mich am meisten interessiert, sind Schrumpfköpfe als symbolisches Verhalten gegenüber den Toten. Symbolisches Verhalten gegenüber den Toten gehört zu den Merkmalen des Menschseins, kein anderes Tier pflegt es in dem Maße wie die Menschen. Tragen wir nicht Fotografien der Köpfe unserer verstorbenen Lieben mit uns herum? Rahmen wir nicht ihre Köpfe ein und stellen sie auf das Kaminsims als Erinnerungen an alles, was wertvoll ist und uns an dieses Leben bindet? Und bevor es Fotografien gab, dieser letzte Schrei bei den Wohlhabenden, dieser Inbegriff von Kommerz und Kultur, waren es die handgemalten

Miniaturen (sofern man sie sich leisten konnte), auf denen der Kopf bis ins Kleinste getreu wiedergegeben war und die man in einem schützenden Medaillon oder einer Schachtel, die in Jacken- oder Hosentasche passte, bei sich trug. Wer sich auf eine lange Reise begab, hatte einen solchen Kopf bei sich. Ein belgischer Offizier etwa oder ein unerschrockener Forscher nahmen einen solchen Kopf mit in den afrikanischen Dschungel. Kommandant Dhanis (später Baron Dhanis) trug auf dem Weg nach Katanga einen solchen Kopf bei sich, und sicher nahm er ihn gelegentlich aus der Mantel- oder Jackentasche und betrachtete ihn. Und sein Herz strömte über von Liebe, auch wenn sich diese Liebe weder auf das Blattwerk erstreckte, das ihn umgab, noch auf die Menschen, deren Lebensraum es war, und von denen einige als Künstler im Kopfschrumpfen dem Miniaturmaler in nichts nachstanden. Das menschliche Herz ist schwer zu ergründen, ebenso wie der menschliche Kopf. Beide tragen sie zum menschlichen Verhalten bei, welches zu ergründen ja überhaupt das Schwerste ist. Ich weiß nicht, wann man angefangen hat, Psychologen und Psychiater als »shrinks«, als Schrumpfer, zu bezeichnen, doch die Bezeichnung sitzt. Ich gebe zu, dass ich es selbst nicht verstehe, denn meiner persönlichen Erfahrung mit Psychotherapie nach zu urteilen, dehnt sie den Kopf auf wundersame Weisen, sie erzieht den Geist dazu, sich selbst und andere auch aus neuen Perspektiven zu betrachten, die geradezu Panoramen sind. Nichts daran ist klein. Ich suchte zum ersten Mal einen solchen Schrumpfer auf, als meine Mutter gestorben war. Ich war Mitte vierzig und hielt mich für hochintelligent. Meine Intelligenz beruhte zum großen Teil auf meiner Unkenntnis über den Grad meiner eigentlichen Unwissenheit. Ich war nicht weit entfernt von Kommandant Dhanis, dem belgischen Adligen, der einen Miniaturkopf in den Dschungel mitnahm, ohne zu ahnen, dass die Bewohner des Kongo diese Kunst weit besser beherrschten. Auch heute noch bin ich unwissend, wenn ich darüber sinniere, die Köpfe lieber Angehöriger durch postume Schrumpfung haltbar zu machen; ich halte selten inne, um die Schwierigkeiten und Absurditäten meines Plans zu überdenken. Der Kopf meiner Mutter beispielsweise hätte keinesfalls geschrumpft werden können, denn sie starb an den Folgen eines grässlichen Unfalls, was dazu führte, dass ihr Kopf in den wenigen Wochen, die sie noch am Leben war, zu unmenschlichen Dimensionen anschwoll. Der Kopf meiner Mutter wuchs sehr rasch vom Umfang eines Kopfes zu dem einer Wassermelone und dann zu dem eines preiswürdigen Kürbis an. Man konnte ihn (sie) unmöglich ansehen, ohne sich einzureden, man wäre in einem Horrorfilm, und es wäre in Wirklichkeit nicht sie, sondern eine durch Spezialeffekte erzeugte riesige groteske Puppe. Zumindest weiß ich noch, dass ich meine Besuche nur so durchstehen konnte. Im Unterschied zum Schrumpfkopf kann der vergrößerte Kopf seine Züge nicht mehr tragen, Augen, Nase, Mund, alles verschwindet in einer einzigen gigantischen gallertigen Masse, ein solcher Kopf hat nicht die entfernteste Ähnlichkeit mit der Person, der er gehört. Ja, ich heftete sogar eine Fotografie meiner Mutter über ihr Krankenhausbett, damit die Ärzte und Krankenschwestern eine Ahnung hatten, wie ihre Patientin aussah. Heute kommt mir das seltsam vor, diese Geste mit der Fotografie, da niemand, der sie behandelte, sie vor dem Unfall gekannt hatte, und es bestand überhaupt keine Hoffnung, dass ihr Kopf sich wieder zu seinem normalen Umfang zurückentwickeln würde. Ich glaube, ich steckte die Fotografie für mich selbst dort an die Wand, damit ich sie so in Erinnerung behielt, wie ich sie gekannt hatte. Nein, leider hätte sich der Kopf meiner Mutter nicht schrumpfen lassen, auch vom größten Künstler nicht, und dennoch hat immer ihr Kopf in meinem Wunschtraum von zwölf Schrumpfköpfen eine Rolle gespielt, jeder einzelne der Kopf eines Menschen, der mein Leben ein Stück begleitet und mich tief und unvergesslich berührt hatte, und meine zwölf Köpfe wollte ich in einer eigens für sie angefertigten Eierschachtel aufbewahren, zwölf mir liebe Köpfe, die sicher und vereint verwahrt sein würden. Nie würde ich sie schimmeln oder faulen lassen, ich würde Mäuse fernhalten, es würde ihr Schicksal sein, genau so zu bleiben, wie sie im Leben waren, genau so, wie sie *sind*, nur eben orangengroß und tragbar, und dann und wann würde ich sie herausnehmen und sie betrachten und erschrecken, und da fällt mir die Witwe ein, die beim Anblick des Kopfes ihres Mannes in Ohnmacht fiel, und ich glaube, wenn ich den Kopf eines einzigen geliebten Menschen in der Hand halten könnte, wäre ich auch einer Ohnmacht nah, doch glaube ich auch, dass ich mich daran gewöhnen würde, ich würde ruhig und aufs Zärtlichste gerührt sein, allein durch ihren Anblick dort in meiner Hand, wo sie sanft und sicher (ein Schrumpfkopf kann nicht brechen) ruhen würden, mit so winzigen glänzenden Äuglein, ja, in ihrem sanften und sicheren Ruhen mit winzigen glänzenden Äuglein wäre es ja so, als ob sie nur Babys wären, ins Leben zurückgekehrt, und ich würde ihre Gesichter berühren können. Ich schäme mich, die Babyköpfe als meinen Privatbesitz zu betrachten, aber so ist es. Es heißt, nur im menschlichen Kopf finde sich die eine Freiheit, die für alle da ist, doch oft sind es Einsamkeit, Langeweile und Furcht, die diese Freiheit überkommen, und dann sehnt sie sich nach der Gemeinschaft mit einem anderen Kopf, sehr oft ist der Besitz eines einzelnen Kopfes nicht genug, der Besitz des eigenen Kopfes weckt den Wunsch nach dem Kopf eines anderen, allein aus dem völlig natürlichen Wunsch nach Liebe und Vereinigung. Doch aus der Gier, aus dem Verlangen nach Kontrolle und Macht erwächst ein Ungeheuer: der Wunsch, so viele Köpfe wie möglich zu besitzen. Niemand von uns ist immun – wer möchte nicht mehr Kundinnen, Patienten, Klienten, Leserinnen –, aber Verlangen kann zu unmenschlichen Dimensionen anwachsen. So erklärte der König von Belgien ein riesiges Gebiet zu seinem Privateigentum und dazu alle Köpfe darin, einschließlich (unwissentlich) all der Schrumpfköpfe, Köpfe, deren jeder im Laufe einer arbeitsreichen Woche kunstvoll geschrumpft worden war. Ich weiß eigentlich gar nichts über Köpfe, obwohl ich unverhältnismäßig viel Zeit damit verbringe, über sie nachzudenken, und noch mehr Zeit, seit ich einen »Schrumpfer« aufsuche. Ich bin nicht mal sicher, dass mir mein eigener Kopf gehört, doch mein tiefinnerster Traum ist es, zwölf geliebte Köpfe in eine Eierschachtel geschmiegt zu besitzen, damit sie mich in Augenblicken großer Leere zum Lohn für meine unendliche Liebe trösten. Wie kann ich mich gütig nennen? Ich möchte zwölf Menschenköpfe als Privatbesitz. Ich habe oft gedacht, Gott brauche Gebete, um daran erinnert zu werden, dass er wichtig ist und noch eine Rolle spielt. Was wäre er ohne unsere bittstellenden Blicke mehr als ein Kopf an einem Faden in einem Museum der Ideen? Manchmal meine ich, mir bleibt nur noch das Kongo Museum als einziger Ort, dieses grausige Denkmal zertrümmerter Lügen und schöner Dinge, um dort Auge in Auge mit einem Gesicht zu stehen, an das ich mich kaum erinnere und es doch tue, und zu diesem verschrumpelten Ding zu beten, dass mich, wenn ich dereinst sterben muss, jemand so bewahren möge, wie ich damals war, an diesem ersten Tag, unwissend, unschuldig, so schön wie nie wieder, und überwältigt von einem Anderen. Ich meine jetzt, dass ich an jenem Tag sterben wollte. Warum sonst hätte ich die Schule schwänzen, allein meiner Wege gehen und einen Freund unter den Toten finden sollen? Einer, der mich mit einem Schlag ins Leben stößt. O mein Pantheon geschrumpfter Köpfe, aufgereiht wie frisch gelegte Eier in einer Schachtel, tröstet mich, wenn meine Flüsse strömen, tröstet mich, wenn meine Wässer versiegen, denn ich kann euch fast atmen hören.

Der Graf von Staffordshire war weitaus weniger exzentrisch als seine Vorfahren, einer seiner Ahnen starb nach dem Verzehr von Pferdedung, den er in dem Glauben zu sich genommen hatte, so würde er von der Eifersucht geheilt, ein Glaube, der sich, das lässt sich nicht leugnen, letzten Endes bestätigte. Der derzeitige Graf hatte keineswegs die Absicht zu sterben, stattdessen strebte er nach der Unsterblichkeit der Kunst, insbesondere der des Schriftstellers, und insbesondere der seines Rivalen Sir Walter Scott, dessen Romane jeder in der Grafschaft las, der des Lesens mächtig war. Die Anonymität des Autors war längst aufgehoben, es war im Jahr 1815, und der Graf von Staffordshire, von dem hier die Rede ist, schickte sich an, eine Fortsetzung seines Lieblingsromans *Alt-Sterblichkeit* zu schreiben, und gab ihr den Titel *Alt-Unsterblichkeit*, ohne noch ein einziges Wort geschrieben zu haben. Doch dann schrieb er, bei Tag und bei Nacht, hinter schweren Vorhängen beim Licht von zehn Kerzen und mit einer ganz besonderen Spitze am Ende seiner Schreibfeder, speziell angefertigt aus dem goldenen Trauring seiner Frau, die rund dreißig Jahre zuvor zusammen mit seinem Stammhalter im Kindbett gestorben war. Der Graf stellte fest, dass er für das Leben eines Romanciers nicht so recht geschaffen war, der Roman endete nach nur achtzig Seiten, und von der Geschichte wollen wir nur so viel sagen, dass ihr größtes Verdienst darin bestand, tiefschürfend die alte Weisheit zu illustrieren, die da heißt: »Jede Straße kommt einmal an ihr Ende.« Der Graf jedoch war der Überzeugung, sich eigenhändig Unsterblichkeit verschafft zu haben, und wenn er Zweifel hatte, so waren sie so dicht verhängt wie die Fenster seiner Gemächer. Wir würden diese Geschichte nicht schreiben, so knapp und schlicht wir sie auch halten wollen, wenn er sein angestrebtes Ziel nicht erreicht hätte, wiewohl nicht auf die Art und Weise, die ihm ursprünglich vorschwebte. Unser Graf hätte jeden Preis in England zahlen können, um sein Buch gedruckt zu sehen, doch schmiedete er einen Plan, der seiner Originalität wegen Legende wurde und *Alt-Unsterblichkeit* einen Platz im Schrank der Literatur sicherte. Er brachte sein Manuskript in die Keramikmanufaktur von Staffordshire, die sich auch damals schon unter englischen Töpfern großen, wenn nicht gar unübertroffenen Ruhmes erfreute und deren originale Erzeugnisse sich heutzutage in Museen auf der ganzen Welt finden wie auch in den Privatkollektionen von Sammlern, deren brennende Leidenschaft der historischen Bedeutung von Lehm gilt. Die zusätzlichen Kosten, die die Verpflichtung des Modelliermeisters der Betriebe, John Hackwood, mit sich brachte, war für unseren Grafen kein größerer Umstand als das Fortwedeln einer Sommerfliege, die sich auf dem Rand seiner Teetasse niedergelassen hatte. Der Plan war einfach: einhundertundvier Speiseteller, die in Folge den Text seines Romans trugen, einschließlich der Titelseiten, des Vorworts des Verfassers und – eine Eingebung in letzter Minute in Nachahmung der Seite mit dem Wort »Ende« – eines feinsten, mit Wildrosen verzierten *finis*-Blatts. Alle Teller waren aus Bisquit, einem glasigen Lehm mit matter Oberfläche, in der Farbe von Streichrahm in der zweiten Stunde der Verfestigung. Die Teller waren rund, elf Zoll im Durchmesser, mit leicht gebogener Kante, doch ohne Marge, um so vielen Wörtern wie möglich Platz zu bieten. Auf der Unterseite befand sich die Signatur des Modelliermeisters John Hackwood sowie eine Nummer in fortlaufender Reihe, die sowohl als Tellernummerierung wie auch als Seitenzahl fungieren sollte. Der Text selbst, ausschließlich von Hand, in diesem Fall der Hand von John Hackwood, modelliert, stand erhaben auf dem Bisquit und erhielt eine Jaspis-Glasur, die durch den Kontrast mit dem Bisquit darunter leichte Lesbarkeit gewährleisten sollte. Es stimmt, dass die ersten sechzig Teller vernichtet werden mussten, ein Lehrling hatte sie gebrannt, doch der Graf wedelte auch diese Kosten weg, als wäre bloß die Fliege zurückgekehrt. Die Drucklegung von *Alt-Unsterblichkeit* nahm bis auf zwei Tage zehn Monate in Anspruch, und der nächste Schritt bestand darin, dass der Graf sein Tellerbuch sechsundzwanzig auserwählten Gästen präsentierte, die am einundzwanzigsten Juni 1816 zu einem siebengängigen Einweihungsbankett eingeladen waren, bei dem die vier mittleren Gänge der Inaugurallesung vorbehalten sein würden. Vor allem das Küchenpersonal verbrachte die vorhergehenden zwei Wochen bei Proben, denn den Gästen sollte nicht gleichzeitig serviert werden, jeder Gast würde seine Speise erst dann erhalten, wenn er seinen Teller den versammelten Gästen laut vorgelesen hatte; die Speisen mussten indessen hinter den verschlossenen Küchentüren warm gehalten werden und jeder den einzelnen Gästen zugeteilte Diener musste in perfekter zeitlicher Abstimmung den jeweiligen Teller beim Verklingen des letzten Tons des Vortrags füllen. Jeder Gast musste vier Mal lesen, weshalb jeder Gast vier Teller erhielt, die ihm in den entsprechenden Abständen im Laufe des Abends vorgesetzt wurden, während der Abend, der Roman und die Mahlzeit voranschritten. Der Graf scheute keine Kosten, seine Diener wurden für jeden einzelnen Gang mit frischen Handschuhen ausgestattet. Es lässt sich nicht mehr feststellen, was an jenem Abend serviert wurde, doch wir können uns vorstellen, dass nach dem Abräumen der Suppenschalen und dem Erscheinen des Romans Wachteln aufgetischt wurden, Forelle, Rind, mit Lachs gefüllte Pasteten, Erdäpfel auf russische Art, Spargel in Aspik, all dies und vielleicht noch mehr, bis der Graf den *finis*-Teller emporhielt, und die Käseplatten, die Birnen und Süßspeisen serviert wurden. Der Wein floss von Anfang bis Ende, und wenn die porzellanisierte Literatur nicht so glatt floss, bemerkte es niemand, obwohl es vielleicht richtiger wäre zu erwähnen, dass niemand sprach. Was wir an Aufzeichnungen vom Hergang des Abends besitzen, ist eine Art Rückschau, die der Graf von Staffordshire verfasste, bevor er sich an jenem Abend in seine Schlafgemächer zurückzog, doch in seiner Erregung ließ er die Speisen außer Acht und ging nur auf die grandiose Aufnahme seines unsterblichen Werkes ein, die sich an den sechsundzwanzig verdutzten und sprachlosen Gesichtern ablesen ließ; was er hingegen sehr wohl vermerkte, war der anstößig große Edelstein, den die Herzogin von Langford trug, doch das war gewiss auf seine rund dreißig Jahre zuvor erfolglos gebliebene Werbung um sie zurückzuführen. Bis zu seinem Tod veranstaltete der Graf sein Romanbankett zwölf Mal im Jahr, ohne je denselben Gast zweimal einzuladen, womit er sich die Leserschaft verschaffte, von der er immer geträumt hatte. Und was ist aus dem Buch geworden? Was ist aus den Tellern geworden, den herrlichen Tellern, die im Licht der Kandelaber auf dem langen Tisch glänzten, einhundertundvier an der Zahl, in fortlaufender Reihenfolge serviert, zwölf auf einer Seite, einer am oberen und einer am unteren Ende der Tafel, jede Seite ein weiteres Beispiel dafür, dass jede Straße einmal an ihr Ende kommt? Betrüblicherweise wurden die Teller vom Großneffen des Grafen zerstört, der 1870 unter dem Einfluss der dem Kunstgewerbe verschriebenen Arts-and-Crafts-Bewegung seine Freunde zu einem Bankett lud, das rasch in eine Ausschweifung entartete, und irgendwann nach Mitternacht, als unser Graf fest in seinem Grab in der knapp eine Meile entfernten Familiengruft schlief, ging die jugendliche Gästeschaft, die sich gern als Visionäre verstanden, unter dem Einfluss von Wein und Chloralhydrat dazu über, die Teller Stück für Stück zu zerbrechen, indem sie sie in den offenen Kamin schleuderten, und zwar nach flüchtiger Lesung, die schließlich mit fortschreitender Zerstörung aufgegeben wurde und in die Rezitation auswendig gelernter Verse von Dante Gabriel Rossetti überging, kürzlich erschienener Verse, die der Dichter seiner ersten Gattin mit ins Grab gegeben und im vergangenen Oktober aus ihrem Sarg exhumiert hatte, um die Dame somit gedichtlos ihrem düsteren Schicksal zu überlassen. O kalte, grausame Splitter der Unsterblichkeit! Kein einziger lässt sich mehr an der Gartenmauer ausgraben. Doch ein Teller allein existiert noch, ein feiner Riss durchzieht seinen bisquitenen Schädel, wenn wir einen Teller, auf dem eines Mannes Geist seinen Niederschlag fand, so nennen dürfen, es ist der mit verschlungenen Ranken jener der Poesie zugeschriebenen wilden Rose umkränzte, und, wie du, lieber Leser, bereits richtig erraten hast, es ist der Teller mit der Aufschrift: *finis.*

Grüne Traurigkeit ist Traurigkeit in Abschlussfeier-
kleidung, sie ist die Traurigkeit des Juni und schim-
mernder, frisch ausgepackter Toaster, des gedeckten
Tischs vor einer Party, des Geruchs nach ersten Erdbee-
ren und triefenden Braten kurz vor dem Verzehrtwer-
den, sie ist die Traurigkeit der Unwahrgenommenen
und daher nie empfunden und selten zum Ausdruck ge-
bracht, außer gelegentlich von Polkatänzern und von
kleinen Mädchen, die in Nachahmung ihrer Großmüt-
ter verfügen, wer nach ihrem Tod ihr Kaninchen be-
kommen soll. Grüne Traurigkeit wiegt nicht mehr als
ein unbenutztes Taschentuch, sie ist die Begräbnisstille
von Knochen unter dem grünen Teppich gleichmäßig
gemähten Grases, über das Braut und Bräutigam in ih-
rer Freude schreiten.

※

Rosa Traurigkeit ist die Traurigkeit weißer Anchovis. Es ist die Traurigkeit der Entbehrung, des Mangels, des Schluckenmüssens, wenn die Kehle nicht größer ist als eine Akupunkturnadel; es ist die Traurigkeit von Pilzen, die mit zu großen Köpfen geboren sind, die Traurigkeit, die eintritt, wenn sich die Sohlen vom einzigen Paar Schuhe lösen, oder vom Lieblingspaar, ganz gleich, rosa Traurigkeit kann nicht von einem Quizmoderator gemessen werden, es ist die Traurigkeit der Scham, wenn man nichts falsch gemacht hat, rosa Traurigkeit ist nicht deine Schuld, und obwohl sie von der geringsten Zuckung ausgelöst werden kann, ist sie der gewaltige buschige Wipfel auf dem Familienstammbaum der Traurigkeit, dessen fern abgelegene Wurzeln einem kolossalen Tintenfisch ähneln, mit Augen wie Fußbällen.

Wenn ich im Wald wandere, zieht es mich zur Sprache, ich sehe Bedeutung, die drollig verborgen liegt, aufschießt in dunklen feuchten Wäldern, an Baumwurzeln, alten Mauern, zwischen dürrem Laub, eigenartig einsam, Zeichen einer gewissen ungebändigten Individualität, schweigsames Symbol des alten Wien, doch arm an Detail. Wenn ich im Wald wandere, fürchte ich, mich zu verirren, und sehr stark fühle ich, dass etwas auf mich wartet, unter einem umgestürzten Stamm, hinter einem Baum, dort oben in einem Loch in einem Baumstamm, obwohl ich selten in die Höhe schaue, nein, beim Gehen blicke ich nach unten, hingezogen zum Wurzelsystem, während ich stolpere, und ich denke nicht, dass da Sanskrit auf mich wartet, nein, absolut nicht. Ich denke: Wie viel Uhr mag es sein?, und: Sollte ich mich nicht auf den Heimweg machen?, man kann nicht immerzu in Bedeutung wandeln, so dunkel, wie es ist, wird es bald noch dunkler, wenn es allerdings schneit, blicke ich in die Höhe, ich verliere mich im Schnee, der zwischen den Zweigen fällt und sich auch auf jedem niederlässt, ich verliere mich just zu dem Zeitpunkt, da meine Schritte schon erste Spuren im Schnee auf dem Waldboden hinterlassen, und bald sind die ersten gefällten Stämme mit Schnee bedeckt, und wenn meine Spuren verschneit sind, bin ich ganz verloren, der Schnee dämpft alles, und die Stille macht mir genauso viel Angst wie seit jeher der Wald.

Alice liebte Dichtung. John liebte Dichtung. Mary und Michael und Susan liebten Dichtung. Sie gingen in ein Restaurant, wo sie zusammen am Tisch sitzen und über das reden konnten, was sie liebten. Da trat David ein, der keine Dichtung liebte. Er saß für sich allein an einem kleinen runden Tisch, wo er andere Leute reden hörte, ohne zu verstehen, was sie sagten, und nachdem er bestellt hatte, saß er dort auf seinem Stuhl und hing einem Traum von Bergesgipfeln nach, vom Blick aus der Höhe eines Bergesgipfels hinab ins Tal am Fuß des Berges, wo sich in der Ferne ein Fluss schlängelte, vom Wind in seinem Haar. Dennoch, dort im Lokal sitzend und von Bergesgipfeln träumend hätte er genauso gut Tannennadeln angeln können. Also dachte David an seine Frau, die keine Dichtung liebte und auch keine Bergesgipfel, doch sie liebte roten Faden, den sie ohne jeden Grund und Zweck sammelte. David dachte daran, wie er einmal heimlich ein paar Fäden von ihrem Schreibtisch genommen und sie in den Eintopf gegeben hatte, den er gerade kochte, um sie zu überraschen, doch als er den Eintopf in ihre Suppenschale geschöpft hatte und sie beim Essen beobachtete, war es offensichtlich, dass sie nichts davon bemerkte. Trotzdem, ein paar Stunden später schien sie unerklärlich glücklich, und so schloss er die Augen und dachte daran.

Für ihn war die Affäre der Flug eines schwerelosen Ballons, den der Wind über einen Platz trug. Für sie war die Affäre der Flug eines gelben Seidenschals, den der Wind über den Platz trug, über die Ziegel der schrägen Dächer, die Schnellstraßen, den Strand, die Felsenküste und den Wald im Hinterland; der Schal war neunzig Zentimeter breit und quadratisch mit handgerollten Kanten, die in Japan die winzigen Finger von Umi gerollt hatten, einer zwanzigjährigen Arbeiterin im Seidenbezirk von Tomioka. Umi wohnte bei ihrem Vater, einem Witwer, und nach der Arbeit in der Fabrik ging sie nach Hause, um ihn zu versorgen, sie bereitete eine Mahlzeit aus Reis, Aal und Rettich zu, aß schweigend mit ihm zusammen, danach verbrannte sie Weihrauch vor dem Hausaltar mit einer Schwarzweißfotografie ihrer Mutter im Alter von zweiundvierzig Jahren, ein Jahr bevor sie an Gebärmutterkrebs starb. Ihre letzten Worte hatte die Mutter im halbbewusstlosen Zustand gesprochen, und es war nicht klar, an wen sie gerichtet waren: *Lass mich.* Der Schal, dessen Kanten Umi mit ihren Fingern gerollt hatte, wurde nach Mailand versandt, um in einem Warenhaus verkauft zu werden, dort kaufte ihn ein Mann als Geschenk für seine Geliebte, die es nicht übers Herz brachte, ihm zu sagen, dass sie nie Gelb trug (hatte er das noch nicht bemerkt?), und den Schal am Tag darauf ihrer Schwester gab (welche hocherfreut war), ihrem Geliebten aber sagte, ein plötzlicher Windstoß habe ihr den Schal vom Kopf geweht, während sie auf dem Weg zu ihrer Schwester den Platz überquerte, und auch wenn sie traurig war, den Schal verloren zu haben, war es doch ein wunderschöner Anblick gewesen (er hätte dabei sein sollen), so viele Köpfe hatten sich nach oben gewandt, um ihm zu folgen, wie er gebläht über einen wolkenlosen lavendelblauen Himmel zog (er hätte dabei sein sollen), es war wirklich ein ganz außerordentlicher Anblick, einer der Passanten sagte sogar laut: *Schau, ein Ballon!*, und später beim Zahnarzt hatte der Passant wieder diesen Augenblick der Anmut beschrieben, und der Zahnarzt hörte genau zu, während er ein Betäubungsmittel ins Zahnfleisch des Mannes spritzte, so genau, dass er später am Abend seiner Frau vom Flug des Ballons erzählte, und sie wusste sofort Bescheid, weil sie dort gewesen war, sie erzählte ihrem Mann, wie sie unterwegs gewesen war, um ein Paar Schuhe zu kaufen, als sie es gesehen hatte, ein Anblick von solcher Schönheit, sie hatte mit ihrem Telefon ein Video machen wollen, doch als sie endlich ihr Telefon am Boden ihrer Tasche gefunden hatte, war der Schal weg, trotzdem, der Anblick des gelben Seidenschals, der über den Platz segelte, hatte sie so ergriffen, sie hatte keine Lust mehr, Schuhe zu kaufen, und setzte sich stattdessen an einen Tisch in einem Straßencafé und bestellte einen Aperitif von einer so grellen Farbe, dass er fast radioaktiv aussah – Pernod, er hieß Pernod, wie lange hatten sie beide keinen Pernod mehr getrunken, wie viele Jahre, und konnte sich einer von ihnen noch daran erinnern?

Orange Traurigkeit ist die Traurigkeit von Bangigkeit und Sorge, sie ist die Traurigkeit eines orangen Ballons, der über schneebedeckten Bergen schwebt, die Traurigkeit wilder Ziegen, die Traurigkeit des Zählens, etwa aus Sorge, dass gleich eine weitere Ladung Gedanken ins Haus steht, dass auf den einen zur Untraurigkeit bestimmten Tag ein Soufflé ein- oder eine Cessna abstürzen werden, sie ist der orange Schimmer eines Fuchses in der Ferne, sie spricht die fremde geweihige Sprache von Phantomen und leeren Batterien, sie ist die Traurigkeit aller über Nacht im Ofen abgestellten und am Morgen vergessenen Dinge, und orange Traurigkeit an sich geht somit unter uns ganz verloren, ebenso wie ihr Motiv.

Gelbe Traurigkeit ist die Überraschungstraurigkeit. Die Traurigkeit von Flor und Eiern, Schwanendaunen, Brausepulver und Feuchttüchern. Sie ist der Zitrus der Traurigkeit, und alle Dinge, die rund und ganz und ersterbend sind wie die Sonne, besitzen diese Traurigkeit, welche die Traurigkeit des ersten Ranges ist; sie ist die Traurigkeit von Explosion und Expansion, ein Hochofen in Duluth, der sich über der nächtlichen Skyline erhebt, um als Spiegelung aufs Wasser des Oberen Sees zu fallen, und sie ist eine obere Freude und eine obere Traurigkeit, die von Drehtüren und Drehschranken, sie ist die verwirrende Traurigkeit des niemals Endenden und des Flüchtigen, sie ist die Traurigkeit des Jokers in jedem Kartenspiel, die Traurigkeit des Dichters, der auf eine Blume zeigt und sagt *Was ist das*, wenn das Was ein Veilchen ist; gelbe Traurigkeit ist ein Deckenfresko aus dem fünfzehnten Jahrhundert von Andrea Mantegna im Castello di San Giorgio in Mantua in Italien, zu dem wir hinaufschauen, um festzustellen, dass wir es sind, auf die herabgeschaut wird, in Gelächter und in Heiterkeit, dessen Traurigkeit ist sie.

Herbst bestürzte den Jungfuchs, und in seinem Zorn und seiner Angst ging er bitterlich weinend nach Hause, mit schmutzigem Gesicht und Märzveilchen, die er unwissentlich noch in seiner kratzigen kleinen Hand hielt. In seinem Bau, der nicht behaglich war, stellte er die Veilchen in einem Senfglas auf den Tisch und aß ein ärmliches Abendbrot in Gestalt eines halben Jungkaninchens, das vor so langer Zeit getötet worden war, dass man es mit Fug und Recht alt nennen konnte. Er konnte nicht aufhören zu weinen. Er wünschte, er könnte die Seiten des Herbstes umblättern wie die eines Buches, und zwar so, dass er am Fuß einer Seite angekommen auf diese starren und sagen würde: *Um!* Um, um, um!, heulte er in seiner abendlichen Benommenheit, in seiner Verzweiflung. Doch nichts passierte. Das Laub fiel weiter und wechselte sogar im Fallen die Farbe, die Blätter drehten sich hierhin und dorthin, ein jedes mit kleinen Stanzlöchern voll Licht. Der Wind sang sein Herbstlied immer wieder aufs Neue. Fuchs fürchtete sich so vor diesem Lied, er ging ohne Kopfkissen ins Bett und stopfte es lieber unter die Tür, um das Lied auszusperren. Im Bett und etwas beruhigt nahm er sich seine Abendlektüre vor, einen Krimi, in dem der Held

Forensiker bei der Polizei ist, er nimmt genaueste Untersuchungen an gefälschten Dokumenten vor, analysiert die Handschrift, die Marke des verwendeten Stifts, Alter und Herkunft der Tinte. Der Held, ein Autodidakt, konnte allein aus der Tinte schließen, dass eine Unterschrift etwa am 23. September ausgeführt worden war und nicht am 16., dem Tag, auf den der Brief datiert war. Er benutzte Mikroskope, Chemikalien und Spektrometer. Im Kapitel dieses Abends untersuchte er das Papier selbst, seine Knicke und Streifen, das Herstellungsdatum, Faserzusammensetzung, Farbe, Textur, Glanz, Beschichtung, Länge, Breite, Stärke, Gewicht, Wasserzeichen und Makel. Fuchs hielt an einem Satz inne, seine Augen verengten sich vor Konzentration: »Selbst das kleine Loch einer Heftklammer mag der Leuchtturm sein, der sein Licht auf die Wahrheit wirft.« Er las ihn noch einmal. Tränen traten aus ihren Kanälen und rollten über seine Wangen. Er nahm das Kissen vom Spalt unter der Tür, stopfte es sich auf dem Bett unter den Kopf, und über dem Lauschen auf das Herbstlied schlief er ein. So schloss er Frieden mit dem Herbst und dem wilden Blut des Waldes in seinen Adern.

TINTENSCHNÖRKEL

Über hundert Jahre nach Charles Baudelaires Tod stellte man bei eingehender Prüfung eines seiner Manuskripte fest, dass dieses nicht nur zwischen den Gedichten Tintenschnörkel enthielt, so wie heutzutage ein Dichter vielleicht ein Sternchen zwischen Gedichte tippen würde, sondern dass jeder Tintenschnörkel in der Tat ein gleitender Schwan war, ein Aquanaut mit anmutig geschwungenem Hals und sorgfältig aufgerichteten Schwanzfedern. Und nach dieser Entdeckung untersuchte man ein späteres Manuskript, um nach eingehender Prüfung festzustellen, dass dieses nicht nur einen Tintenschnörkel zwischen Gedichten enthielt, sondern schwebende Mobiltelefone, das Raumschiff Enterprise und amerikanische Hot Dogs in weißen Semmeln mit einer gelben Senfraupe, die über die ganze Länge des Hundes kroch. »Das war doch alles noch nicht erfunden!«, tönte der Ruf der Kritiker. Ach, Charles Baudelaire, du visionärer Visionär, der du einmal gesagt hast: »Paris mag sich ändern, meine Melancholie ist schnell«, du bist mit deinem Tintenschnörkel aus den Tiefen des Altertums geradewegs ins Herz des gegenwärtigen Aufruhrs gekrochen. Was sagste nun, Charlie?

PERSONALIA

Als ich jung war, sagte mir eine Wahrsagerin, dass eine alte Frau, die sterben wollte, versehentlich in meinen Körper geraten sei und dort feststecke. Langsam, über eine längere Zeit und unter sorgsamer Befolgung esoterischer Anweisungen wie Lavendelbädern und der Ritualbestattung von Schlüsseln im Hintergarten, befreite ich mich von ihrer Anwesenheit. Jetzt bin ich eine alte Frau, die sterben will, und in mir steckt eine junge Frau fest, die für ihr Leben gern leben will, ich bearbeite sie.

Wenn ein Dichter, der vor zweihundert oder zweitausend Jahren lebte, etwa Catull oder Coleridge zum Beispiel, plötzlich wieder lebendig würde und ein Gedicht aus dem letzten Jahr läse, in dem der Dichter schreibt: *Ich war stoned*, würde jeder der beiden annehmen, der Dichter sei ein Geächteter, sein Körper bedeckt mit winzigen Einschlaglöchern von all den Steinen, mit denen die Dorfbewohner ihn beworfen hätten. Es würde sie überraschen, dass der Dichter überhaupt noch am Leben war, ebenso wie der betreffende Dichter erstaunt sein würde, dass Catull oder Coleridge wieder lebendig wären, und wenn die beiden aus dem Altertum den Dichter bei ihm zu Hause besuchen würden und er ihnen ein kühles Bier anbieten und das Licht im Kühlschrank einfach so anspringen würde, dann würden die zwei Altertümlichen auf der Stelle wieder tot umfallen, weil sie durch den Schock der Elektrizitätsunkenntnis einen Herzanfall bekommen hätten. Tja, so ist das – die Sterne dringen bis zu mir, ich sehe ihr Licht. Jemand hat mir mal erklärt, die Sterne seien tot, aber wenn ich emporschaue, benehme ich mich nicht so, als wäre ich plötzlich betroffen, ich benehme mich normal, als verstünde ich alles, und ich denke nie daran,

wie kalt es dort ist, zweihundert oder zweitausendein-
hundert Meilen hoch, und ich glaube auch nie und nim-
mer, dass Catull und Coleridge das getan haben, was
heißen soll: Ich glaube, es gibt keinen Unterschied zwi-
schen uns, auch wenn ich es euch jetzt so dargestellt
habe.

Viele großartige Dichter auf der ganzen Welt hatten Dienstboten. Es ist zweifelhaft, ob sie selbst jemals das Geschirr abgewaschen haben. Das ist schade, ich glaube, sie hätten gerne das Geschirr abgewaschen, vor allem nach dem Abendessen. Monotone Abläufe können von den Dingen ablenken. Mit *Dingen* meine ich die Sorgen dieser Welt. Wiederholtes Abwaschen des Geschirrs kann die Hände rau werden lassen, doch Dichter arbeiten auch mit der Hand und haben infolge ihrer Arbeit oft eine erhabene Schwiele unterhalb des Nagelbetts des Mittelfingers, die sich durch langen Kontakt und anhaltenden Druck zwischen Schreibwerkzeug und Fleisch gebildet hat. Es ist zweifelhaft, ob Gustave Flaubert jemals den Schnee vor seinem Haus geschaufelt hat. Angesichts seiner unterschiedlichen Schreibstile wäre es interessant zu wissen, in welchem Stil er den Schnee geschaufelt hätte. In Anbetracht seiner Gewohnheit, viele Stunden lang zu arbeiten, sollte es uns nicht überraschen, wenn sein ganzer Garten von Schnee befreit gewesen wäre. Schaufeln lenkt ab von den Dingen. Außer wenn man sehr bekümmert ist, im Fall der sehr Bekümmerten wird es nicht helfen, egal wie viel Geschirr man abwäscht oder Schnee man schaufelt, es wird die Sorgen nicht tilgen. Dienstboten, die den Grund und Boden nicht besaßen, wo der Schnee auf das Haus fiel, in dem das Geschirr stand, mögen sehr bekümmert gewesen sein. Geld, Krankheiten, Tod, zwischenmenschliche Beziehungen, Verwandte eingeschlossen – diese stehen an oberster Stelle in unseren Kümmernissen, und aus diesen wählen die Dichter ihre Themen. Lange Stunden der Arbeit an einem Roman, einer Geschichte, einem Theaterstück oder einem Gedicht mögen einen auch von den Dingen ablenken. Es erscheint eigenartig, aber möglich, Kümmernisse zu benutzen, um sich von ihnen abzulenken. Vielleicht ist der Dichter auf seine Art und Weise ein Dienstbote. Ich weiß nicht, wer solche Dienstboten in Anstellung nimmt, doch die Welt scheint voll von ihnen, alle bereit, sich anstellen zu lassen. Wenn jeder Haushalt einen Dichter-Dienstboten anstellen würde, um dazusitzen und sich auf die menschlichen Kümmernisse zu konzentrieren, an denen wir alle tragen müssen, könnte jeder Haushalt sorglos sein. Es ist allerdings nicht besonders praktisch, einen Dichter anzustellen, der den ganzen Tag bei einem im Haus sitzt, man würde ein zusätzliches Zimmer und einen weiteren Dienstboten brauchen, der dafür sorgte, dass die Kinder und Tiere still sind, um den Dichter nicht zu stören, der, wie alle Lebewesen, auch ernährt werden müsste. Deshalb ist die Welt auf den genialen Plan mit den Büchern verfallen, die relativ leicht ins Haus gebracht werden können, wenig Platz einnehmen und nie essen müssen, in jedem Buch sitzt ein Dienstbote mit einer Schwiele am Finger: der Autor, der sich auf die Sorgen der Welt konzentriert hat, damit unser Denken frei davon bleiben kann, wie all diejenigen wissen, die stundenlang ein Buch gelesen haben, ohne sich vom Fleck zu bewegen – die Welt scheint weit, weit weg, man vergisst die Zeit, man ist überrascht, beim Aufblicken die eigenen Füße zu sehen, die in dem Augenblick weit, weit weg erscheinen, oder eine Topfpflanze am anderen Ende des Zimmers – wo ist sie hergekommen, seit wann steht sie dort? Wenn ein Haushalt Dienstboten anstellt, die das Geschirr abwaschen, den Schnee schaufeln und die Pflanzen gießen, ist der Leser doppelt und dreifach sorglos. Doch wie sonderbar, wie ausgesprochen sonderbar, dass so viele Haushalte mit besonders vielen Büchern oder vielen anderen Dingen in unterschiedlichen Kombinationen doch von Sorge nicht verschont bleiben. In der Tat lassen sich dort sehr viele Sorgen nieder. Es ist zutiefst beunruhigend, wenn man bedenkt, dass Dienstboten, egal wie viele an der Zahl, ihre Aufgaben nicht so versehen können, dass wir ganz von Sorgen verschont bleiben. Die

Dienstboten müssen härter arbeiten oder wir brauchen mehr, es ist schwer zu sagen, was man da machen kann, doch etwas muss geschehen, das liegt auf der Hand.

SELBSTKRITIK

In einem typischen Gedicht von mir sitzt eine Frau allein und tut überhaupt nichts. Sie bemerkt eine Fliege, die über den Tisch krabbelt, und beginnt eine Unterhaltung mit ihr. Etwas schrecklich Dramatisches passiert, und das Gedicht endet. Das geschieht Tag für Tag, so viele Tage wie Gedichte in einem Buch sind, und sie bleibt erschöpft zurück.

Weiße Traurigkeit ist die Traurigkeit von Zähnen, Knochen, Fingernägeln und Sternen, jawohl, doch ist sie auch die Traurigkeit von Getreide, Duschhauben und literarischem Schaum, sie ist die Traurigkeit von Tante Jennys weißem Haar, das ihren Körper bedeckte wie ein Leintuch, bis zu den Zehen, als sie auf dem Krankenlager lag und den Kindern einen Schrecken einjagte, wenn diese nacheinander hereingeführt wurden, um Abschied zu nehmen. Sie ist die Traurigkeit von Radiowellen, die für immer durch den Weltraum reisen, sie ist die Stimme von John Lennon in dem Interview, in dem seine Stimme schwächer und schwächer wird, indes die Wellen auf ewig eine Folge von Galaxien durchqueren, nicht ganz da, und dennoch …

Braune Traurigkeit ist die einfache Traurigkeit. Sie ist die Traurigkeit von riesigen aufrechten Steinen. Sonst nichts. Ganz einfach. Riesige aufrechte Steine umgeben die anderen Traurigkeiten und beschützen sie. Ein Kreis aus riesigen, aufrechten Steinen – wer hätte das gedacht?

Sie sagen, ein Bild ist mehr als tausend Worte, doch ich habe ihnen nie geglaubt. Sie sagen, alles Schreiben ist eine Auseinandersetzung mit der Welt, aber ich habe sie nie kennengelernt und außerdem lebe ich gar nicht mehr in dieser oder einer anderen Welt. Wo lebe ich?, fragen Sie. Ich lebe in einem Nebel, einem Dunst, und in den trägen Dämpfen des Tageslichts will ich nur noch schlafen. Schlafen heißt, wie Sie sich erinnern werden, diese Welt verlassen, und sobald man aufwacht, muss man auf ein Karussell aufspringen, wenn man sie wieder einholen will. Es bringt mich zum Gähnen, es bringt mich dazu, Ketchup auf meine Eier zu geben, was eine blutrote Sauerei gibt. Jetzt bin ich wieder müde, und das ist eine ernste Sache. Ich brauche Blumen. Ein kleiner Ausflug, höchstens zwanzig Minuten, zum Supermarkt und zurück, so werd ich das schon hinkriegen mit dem Aufwachen. Ein großer frischer Strauß Blumen, der sich auf dem Tisch in einer Vase lümmelt, und dann gehts mir gut. Manchmal braucht man nur etwas anzuschauen, und schon kriegt man einen massiven Adrenalinstoß. Aber weiter darf man nicht gehen – man darf sich nicht über die Blumen beugen, um daran zu riechen, das wäre katastrophal, ihre Ausdünstungen würden zu viel Frieden bringen, so viel Frieden, der den Körper durchströmt, das würde nur ein weiteres Gähnen zur Folge haben. Jetzt bin ich in meinem Auto, ich bin auf dem Weg zu den Blumen, und ich finde Verkehr friedlich, wenn er sich an einer roten Ampel staut. Nur dasitzen – am Steuer natürlich –, ein Auto vor mir und eines hinter mir, das ist zutiefst *angenehm*. Es fühlt sich richtig an, es fühlt sich an, als wäre alles genau so, wie es sein muss, als hätte alles seit Anfang allen Geschehens, allen voran der Zeit selbst, just zu dieser Reihe Autos an just dieser roten Ampel geführt; das Aussterben der Dinosaurier, Männer und Frauen, die in Höhlen lebten, das Weben von Umhängen, das ganze Mittelalter, der Anbau von Mais, das Stillen eines kleinen Jungen, der heranwachsen und in einer Ringkampfarena sterben wird – alle diese Dinge haben zu diesem Augenblick geführt, einem Augenblick aus bläulichem Abgasdunst aus den Auspuffrohren von Autos, friedlich wie der Rauch aus der Pfeife eines alten Seemanns. Jetzt springt die Ampel auf Grün, und der historische Augenblick der Friedlichkeit ist dahin, wir bewegen uns vorwärts, und ich bewege mich auf meine Blumen zu, ein anderer bewegt sich auf seine Dosensuppe zu, wieder ein anderer bewegt sich auf Werweißwas zu, eventuell einen früheren Tod als alle anderen Kunden. Auf dem Parkplatz möchte ich schlafen, doch ich öffne die Tür, um unter großer Anstrengung der Luft draußen entgegenzutreten. Bald bin ich im Supermarkt, ich bin in Gang neun, ich schiebe keinen Einkaufswagen oder dergleichen, ich habe nie ein Baby gehabt, ich bin frei und jungfräulich, ich gehe auf meinen eigenen zwei Schlenkerbeinen den Gang hinunter, und am Ende des Gangs ist ein Garten mit Blättern und Blüten, ich bin in dem Garten, Pflanzen sind hier und Blumen, alles ist grün und lebendig und wächst, Unmengen Farben stehen zur Auswahl, Rot, Gelb, Orange, Weiß, Lila, ein Mann kauft Blumen für seine Frau, rosa Rosen in Zellophan – kann es etwas Idyllischeres, weniger Kontroverses geben? Dennoch will ich reden. »Halt«, sage ich, als sich der Mann über seine Blumen beugt, Blumen, die ihren Weg gehen und bald seiner Frau gehören werden, »bitte riechen Sie nicht an den Rosen« – doch es ist zu spät, er hat es schon getan – und jetzt kann ich sie auch riechen – die Luft ist geschwängert mit heiligem Attar –, und ich, so kurz vor meinem Energieauftrieb, die ich den ganzen Weg vom Anfang aller Zeiten zurückgelegt habe, ich will jetzt nur einschlafen, am Ende von Gang neun will ich mich auf den Boden legen zwischen die Topfpflanzen und den Schlaf aller Zeiten schlafen, da ich zu einem Mann gesprochen habe, der meinen weisen Rat missachtet hat und jetzt der ganzen Welt so müde aussieht, wie ich es bin.

An dem Tag der Überschwemmung des Wohnzimmers hatte ich die Wohnung seit fünf Tagen nicht verlassen, alles war makellos sauber, ich hatte keine Arbeit zu erledigen, außer meine Gedanken in einem Tagebuch festzuhalten, und der Gedanke daran erfüllte mich mit Grauen und Langeweile. An jenem verhängnisvollen und letzten Morgen lag ich im Bett und las, und konnte mich nicht konzentrieren, wegen dieser Sache vom Vortag. Am Tag zuvor hatte ich telefonisch eine große Geschenkpackung kandierter Aprikosen aus Australien bestellt. Der Katalog *South Sea Gifts* zeigte die Früchte in einer ansehnlichen, mit Goldfolie ausgeschlagenen Holzkiste. Sie kosteten 86,20 $, und ich hatte sie an mich selbst schicken lassen, zusammen mit einer Geschenkkarte, auf der stand: *Von Mary für Mary*. Mir war unwohl, weil ich jetzt kein Geld mehr hatte, um Essen zu kaufen, und bis zur Ankunft der Aprikosen würde es noch etwas dauern, obwohl ich sie mit Eilzustellung bestellt hatte, was noch zusätzlich kostete. Ich freute mich auf ihre Ankunft, doch gleichzeitig würden sie mich, kaum angekommen, nur an meine Blödheit und meine schrecklichen Schuldgefühle erinnern. Meine Schuldgefühle waren gewaltig. Mein letztes Geld hatte ich verbraucht, um mir selbst kandierte Aprikosen zu schenken! Und die Goldfolie, die hatte auch extra gekostet. Die preiswerteren »Haushaltspackungen« enthielten mehr Aprikosen, aber sie hatten keine Goldfolie. Die Goldfolie sah so hübsch aus, so glänzend neben den goldenen Aprikosen. Natürlich hatte ich sie nur auf dem Foto gesehen, und ich fürchtete, das Bild könnte »aufpoliert« worden sein, einmal hatte ich eine Lebensmittelstylistin kennengelernt, deren Arbeit darin bestand, die Fotos von Lebensmitteln besser aussehen zu lassen als die Lebensmittel selbst, sie benutzte Glycerin, Stärke und Haarspray, damit die Dinge üppig und glänzend, knackig, frisch und appetitlich aussahen und dem Betrachter möglichst peinigend das Wasser im Munde zusammenlaufen würde. Ich wollte nicht die Kiste öffnen und eine Enttäuschung erleben. Ich hatte auch mit dem Gedanken gespielt, ein rundes weißes Moskitonetz aus Baumwolle zu kaufen, war aber zur Vernunft gekommen. Die Aprikosen konnte ich wenigstens essen. Was sollte ich mit einem Moskitonetz anfangen? Aber mir gefällt, wie es aussieht: Man kann es beliebig über alles drapieren, und der drapierte Gegenstand wird weich und geheimnisvoll. Einmal habe ich einen Artikel über eine Frau gelesen, die eine höchst intellektuelle Buddhistin war, sie wollte ihr Haus so leer und weiß wie möglich machen, doch sie besaß Tausende Bücher, die die Raumenergie verringerten, deshalb baute sie ihre Bücher einfach zu aufrechten Säulen auf und drapierte Moskitonetze darüber, und schon hatte sie die gewünschte Wirkung: die Wirkung, dass sie nichts besaß, nach nichts verlangte, in einer winddurchfegten Umgebung der Friedlichkeit lebte. All diese überzogenen Bestellungen per Post – davon wurde mir unwohl. Ich fühlte mich seicht und oberflächlich und schuldig, ich liebte meine Bücher, und allein ihr Anblick, wie sie verstreut auf niedrigen Tischen herumlagen und auf den Fensterbänken aufgereiht standen und auf dem Fußboden gestapelt waren, dazwischen Kataloge und ungeöffnete Rechnungen, das hatte mich immer auf eine kribbelnde, chaotische Art froh gemacht und mir das Gefühl vermittelt, mein Leben sei erfüllt und interessant, und ich sei eine ernstzunehmende und reizende Person. Ich sorgte mich auch um die Leute, die für die Katalogfirmen die Anrufe entgegennahmen – hatten sie genug zu essen? Stibitzten sie schon mal ein oder zwei kandierte Aprikosen? Ich wusste, dass sie Arbeit hatten, sie mussten Anrufe entgegennehmen, sie mussten die Anruferin beruhigen und all ihre Fragen beantworten, sie mussten den Unterschied zwischen einer »Geschenkpackung« und einer »Haushaltspackung« erklären. Ich sah sie vor mir, in einem höhlenartigen Raum, wo sie in provisorisch abgetrennten Zellen saßen und Kopfhörer trugen. Aus einem unerfindlichen Grund sah ich sie alle in Moskitonetze drapiert vor mir, also jede und jeden Einzelnen in einem Kokon aus weicher weißer Gaze. Die Gaze dämpfte ihre Stimmen, wenn sie mit einer Kundin sprachen, diese musste sie bitten, zu wiederholen, was sie gerade gesagt hatten, und eine Endlosschleife von Wiederholungen blubberte aus den Kokons. So stellte ich es mir vor. Und in dem Moment hörte ich das Wasser im Wohnzimmer, das aus einer unerklärlichen Quelle blubberte. Ich stieg aus dem Bett, um der Sache auf den Grund zu gehen, und als ich in den Flur trat, sah ich eine Lache aus braunem Wasser, das sich auf meine Füße zubewegte. Ich hatte vergessen, Pantoffeln überzuziehen, ich stand auf bloßen Füßen da, und das braune Wasser schwappte nun bis über meine Knöchel. Ich watete weiter in Richtung Wohnzimmer. Das Sofa war mit Schlamm und allen möglichen Rückständen bedeckt, Stöcke und Laubklumpen, der schwarzen Masse, die Regenrinnen verstopft. Auf dem Fernsehschirm zeichnete sich eine Hochwassermarke ab, ein gewellter weißer salziger Horizont, der sich quer über das schwarze Glas zog. Auch über meine Bücher zogen sich wellenförmige Linien aus loser, zersetzter Materie – Ablagerungen nennt man es, glaube ich. Ein paar Ferkel stöberten nach Futter, sie fraßen die Polsterung aus einem

Sessel in der Ecke – dem Sessel, in dem ich immer zum Lesen saß. Warum hatte ich an diesem Morgen im Bett lesen wollen? Ich weiß es nicht. Es war höchst ungewöhnlich. Alles stand im Wasser, die Tischbeine sahen wabblig aus, als wären sie aus Haferbrei, und ein Massenauflauf von Spinnen wimmelte auf meinem Tisch, so wie ich manchmal Ameisen unter meiner Fußmatte hatte wimmeln sehen. Offenbar war der Fußboden abgesackt. Es musste in der Nacht passiert sein, während ich schlief. Einen Augenblick lang dachte ich, am Boden läge eine aufgedunsene Leiche, doch es war nur ein Sack faulender Kartoffeln, der unter dem Spülbecken gelegen hatte und hinausgeschwemmt worden war, eine gallertige Masse, aufgedunsen und grün, die in dem stehenden Wasser gestrandet war. Mein erster Gedanke, ich schäme mich, es zuzugeben, war, dass ich diese Bescherung unmöglich alleine beseitigen konnte, ich brauchte Hilfe. Und was war mit diesen Ferkeln in der Ecke, die dabei waren, meinen Sessel aufzufressen? Woher kamen sie? Das ganze Zimmer stank. Es stank schlimmer als ein Abfluss. Es roch wie eine Petrischale mit Urzeitschlamm, und egal, wen ich um Hilfe rief, die Person musste mehr als nur mein Wohnzimmer abriegeln: Das ganze Gebäude und der Block Erde, auf dem es errichtet war, mussten auch abgeriegelt werden. Und so war wieder ein Tag möglicher Tagträumerei entzweigebrochen, völlig zerstört durch mein Verlangen nach einer Aprikose, eine einzige unüberlegte Tat, um derentwillen mein Lebensraum in ein Dorf aus Stecken am Ufer eines steigenden Flusses verwandelt worden war, wo der Passatwind wehte und Regenzeiten kamen und Moskitos brüteten, und da, wo Moskitos brüten, da wird man ein Netz brauchen.

Am Anfang waren da Krümel, nehme ich an, ein kleines Etwas, das aus dem Mundwinkel fiel, ein Span vom Brocken. Diese Krümel auf der Arbeitsplatte in meiner Küche sehen aus wie verstreute Sterne, obwohl sie nicht größer als ein Salzkorn und aus Toast sind, aus verbranntem Brot. Es gibt Leute (auch solche habe ich schon erlebt), die so etwas wie Krümel gar nicht wahrnehmen, und wenn man sie darauf aufmerksam macht, halten sie Krümel für etwas Natürliches wie einen Baum und für so wenig bemerkenswert wie alles, was unbemerkt bleibt. Doch ein Baum! Ein Baum ist eine riesige Pflanze, die riesigste Pflanze auf dem Planeten. Nichts ist so groß wie ein Baum, außer es ist von Menschen gemacht oder aus Stein. In dieser Hinsicht sind Bäume bemerkenswert, jenseits von allen individuellen Merkmalen, die sie besitzen mögen (einmal habe ich ein Bild von einer Kaktee mit Krebs gesehen, wunderschön in seinen verzweigten Mutationen). Die meisten Dinge, stelle ich fest, haben ein Recht zu existieren und so zu bleiben, wie sie sind. Meine Hand zum Beispiel hat ihren eigenen Kopf. Ich kann nicht sagen, wer die Krümel zuerst sieht, meine Augen oder meine Hände, doch meine Finger krümmen sich schon in Vorbereitung auf das, was dann kommt: Ich schiebe die Krümel mit meiner gekrümmten Hand über den Rand der Platte, wo sie auf die Fläche meiner anderen Hand fallen, die sich zu öffnen begann, sobald die eine sich zu krümmen begann. Ich weiß nicht, was das Invasive Ding ist, meine Hände oder die Krümel, die invasive Pflanze wächst ja wild und frei, Krebszellen vermehren sich freudvoll und nach ihrem eigenen Kopf, und die Planeten bewohnen eine einstige unendliche Leere, zu deren Anfüllung wir unseren kleinen Teil beitragen, nicht nur, indem wir existieren (wenn auch unbemerkt), sondern auch mit all unseren winzigen und monotonen Handlungen, wie etwa der Entfernung von Krümeln von einer Arbeitsplatte, die jetzt so leer ist wie nur je, während die Krümel in der völligen Dunkelheit eines schwarzen Plastiksacks verschlossen liegen, den ich früher oder später nach draußen tragen werde.

Hatte keine Warnung, was mich erwartete, kein Hinweis auf scharfe Kurven. War nicht weit gefahren, als ich an Haarnadelkurven kam, alle hundert Meter vielleicht – zu beiden Seiten tiefe Schluchten und nur ein paar magere Gebüsche zwischen mir und dem Abgrund. Die Haare standen mir zu Berge. Die Straße war schmal, wurde schmäler, wandte sich hierhin und dorthin, während ich hinauffuhr, über mein Steuerrad gekrümmt. Sah aus dem Augenwinkel, dass der Blick sagenhaft war, aber konnte nicht hinschauen.

ETWAS SONDERBARES

Vielleicht habe ich es gelesen, vielleicht habe ich es geträumt, mit dem Alter schweifen meine Gedanken ab, jedenfalls habe ich immer geglaubt, als Odysseus die Sirenen hörte, habe er sie die *Odyssee* singen gehört, und aus Angst, von seiner eigenen Geschichte verführt zu werden, habe er sich an den Mast binden lassen. Und noch größer war seine Angst davor, das Ende zu hören, denn er konnte die Vorstellung nicht ertragen, er könnte ein anderer werden, als er jetzt war, ein Kriegsheld, groß an Mut und ein unübertroffener Stratege, der sich bebend gegen die Seile seines eigenen Masts stemmte. Oder er könnte ein noch größerer Mann werden, einer ohne Furcht auf dieser Welt, einer, der sich entrüsten würde über einen Mann, der sich aus Furcht vor irgendetwas festbinden lassen müsste, und dann würde herauskommen, dass der Mann, der er jetzt war, eigentlich ein Feigling war. Gleichwie, er fühlte sich zum Untergang bestimmt, während er an seiner eigenen Geschichte vorüberfuhr. Er fuhr an der Insel vorbei, er fuhr an den Sirenen vorbei, als sie gerade zum Schluss kamen, und sobald er außer Hörweite war, tat er etwas Sonderbares, was nirgendwo verzeichnet ist, da die Geschichte in einem weit entfernten

Klang zu Ende ging, der sich ebenso wenig ausmachen ließ wie eine Pipette voll Süße im gewaltigen salzigen Meer.

DANKSAGUNG

Ich danke den Herausgebern der folgenden Zeitschriften, in denen etliche der hier versammelten Texte zum ersten Mal erschienen sind oder nachgedruckt wurden: *The Best American Poetry, Diagram, Ecotone, The Fabulist, Granta, Harper's, The Hoot & Hare Review, Kenyon Review, The Lumberyard, MAKE: A Literary Magazine, Matrix, Music & Literature, Paris Review, Storyscape, Tin House* und *Unstuck*.

Hinweis der Autorin:

Für jeden der Farbtexte gilt: Wenn man das Wort Traurigkeit durch Freude ersetzt, ändert sich nichts.